A CIDADE
START
UP

EDITOR
Renato Muller

DIAGRAMAÇÃO
Eduardo Bibiano

REVISÃO
Renato Muller
Paula Lobato

CAPA
Eduardo Bibiano

IMPRESSÃO
Lura Editorial

Copyright © Renato Lucio de Castro Junior 2019

Lura Editoração Eletrônica LTDA
LURA EDITORIAL - 2019.
Rua Manoel Coelho, 500. Sala 710
Centro. São Caetano do Sul, SP – CEP 09510-111
Tel: (11) 4318-4605
E-mail: contato@luraeditorial.com.br

Todos os direitos reservados. Impresso no Brasil.

Nenhuma parte deste livro pode ser utilizada, reproduzida ou armazenada em qualquer forma ou meio, seja mecânico ou eletrônico, fotocópia, gravação etc., sem a permissão por escrito do autor.

Catalogação na Fonte do Departamento Nacional do Livro
(Fundação Biblioteca Nacional, Brasil)

A cidade start up: uma nova era de cidades mais inteligentes/ Renato Lucio de Castro Junior. São Paulo: Lura Editorial, 2019.
208 p.

ISBN: 978-65-80430-47-5

1. Caracterização das cidades e infraestrutura urbana 2. Cidades Inteligentes 3 Sustentabilidade 4. Planejamento urbano I. Título

CDD: 307.76
CDU: 316.334.56

ENTRE EM CONTATO COM O AUTOR:
renato@renatodecastro.com
www.renatodecastro.com

A CIDADE START UP

UMA NOVA ERA DE **CIDADES** MAIS **INTELIGENTES**

RENATO DE CASTRO

Lura
EDITORIAL

Sumário

Prefácio 07

Objetivos de Desenvolvimento Sustentável – ODS/ONU 11

Introdução 12

A Nova Revolução..28

A Disrupção das Novas Tecnologias..50

Resolvendo Problemas Urbanos 80

Mudança de Mentalidade 108

City Smartup..128

Casos Tupiniquins 152

Conclusão 176

Agradecimentos 190

Índice Remissivo 193

Prefácio

Renato ama cidades. Isso está claro. O que mais explica seu compromisso implacável, por meio de palavras e ações, em ajudar cidades e comunidades urbanas em todo o mundo? Hoje ele está em Hong Kong, amanhã em Istambul. Ele é tão prolífico que se você é uma pessoa envolvida no futuro das cidades, como eu, seus caminhos já se cruzaram ou certamente se cruzarão. Tive o prazer de esbarrar nele acidentalmente em vários eventos internacionais. O mundo é grande, mas o Renato está em todo lugar.

Não deve ser somente paixão, mas também um propósito, porque esse nível de investimento pessoal em viagens e todo o tempo dedicado à causa das cidades inteligentes não é a escolha mais fácil que ele poderia ter feito. Esse compromisso tem um preço. Além de ser difícil para a família, essa opção de vida pode ser difícil também para a saúde de uma pessoa. Mas, no entanto, Renato está lá fora, no cenário mundial, defendendo e educando diferentes públicos sobre uma imagem positiva do nosso futuro urbano.

Por que ele faz isso? E quais são as mensagens que ele está tentando intensamente comunicar para quem quiser ouvir?

As respostas a essas perguntas, e mais algumas, estão neste livro. Como qualquer pessoa que tenha muito a dizer e onde quer que as pessoas estejam preparadas para ouvir, documentar pensamentos e contar histórias em palavras é uma tarefa importante. Afinal, nem mesmo o contador de histórias mais ambicioso e comprometido pode alcançar todos os que poderiam se beneficiar.

A CIDADE STARTUP

Um livro é uma boa ideia. Para Renato, este é o momento certo para ele começar a documentar e compartilhar o trabalho de sua vida e suas grandes ideias com mais pessoas através da palavra escrita.

O que rapidamente fica evidente, ao ler suas histórias, é que Renato é otimista. Precisamos de otimistas. Mais do que nunca. Estamos todos vivendo o início de uma Quarta Revolução Industrial, em que muitos aspectos de como vivemos, trabalhamos e nos divertimos estão mudando. E tudo está acontecendo em um ritmo acelerado. Não poderia ser mais óbvio do que nas nossas cidades.

Agora lar da humanidade, as cidades enfrentam desafios significativos e mudanças que passam por áreas tão diversas quanto transporte, energia, saúde, emergência climática, segurança pública, água potável, ar limpo e muito mais. Claro, as cidades estão tirando mais pessoas da pobreza e proporcionando oportunidades econômicas para bilhões, mas esse é um quadro complexo. O futuro está criando um desconfortável nível de incerteza sobre se a próxima geração terá uma melhor qualidade de vida ou se enfrentará um declínio.

O que Renato pensa? Como você pode imaginar, como alguém onipresente nesse tópico, ele tem muito a dizer. Imerso e conhecedor do assunto em nível global, ele é ponderado, mas otimista. Ele vê a tecnologia, em particular, trazendo mudanças positivas. Ele vê a tecnologia resolvendo problemas, oferecendo oportunidades e melhorando vidas. É uma boa mensagem e ele é realista sobre isso. Suas histórias captam diferentes aspectos do futuro das cidades, oferecendo perspectiva e opinião. Você pode nem sempre concordar com ele, mas certamente aprenderá algo ou, pelo menos, sairá inspirado.

O futuro das nossas cidades é extremamente relevante para todos nós. Afinal, como já disse muitas vezes, o futuro pertence às cidades. A solução para nossa emergência climática, por exemplo, acontecerá nos centros urbanos. A criação de mais empregos e o acesso a uma saúde de qualidade, para mais pessoas, também acontecerão lá.

Renato aborda esses problemas e muito mais neste livro. Ele leva o leitor a uma jornada lógica, começando com a descrição dos problemas contemporâneos, as novas tecnologias emergentes que estão mudando o jogo, evoluindo para a nova mentalidade que é exigida de nossos líderes e de todos nós, e termina com casos bem interessantes do mercado brasileiro.

Adorei as palestras de Renato, assistir seus vídeos e ler seus blogs. Para mim, ele é uma voz importante em um tópico fundamental. Ele encontrou seu propósito e está determinado a criar mudanças positivas. Este livro e o trabalho que ele fará no futuro são absolutamente necessários. Ele não encontrará fã maior do que eu porque acredito em sua missão. Ele é um bom homem, um bom amigo e está fazendo a coisa certa no momento certo.

Dr. Jonathan Reichental
Fundador e CEO da Human Future, Senior Advisor do Silicon Valley Innovation Center e professor da Universidade de San Francisco

Vale do Silício, agosto de 2019

Objetivos de Desenvolvimento Sustentável – ODS/ONU

Os Objetivos de Desenvolvimento Sustentável (ODS) foram definidos pela Cúpula das Nações Unidas para o Desenvolvimento Sustentável, em 2015, e deverão orientar as políticas nacionais e atividades de cooperação internacional ao longo da próxima década. Os 17 ODSs englobam 169 metas que envolvem diversos temas, como erradicação da pobreza, segurança alimentar, agricultura, saúde, educação, igualdade de gênero, água e saneamento, energia, crescimento econômico sustentável, infraestrutura, redução das desigualdades, cidades sustentáveis, padrões sustentáveis de produção e consumo, mudanças climáticas, uso sustentável dos oceanos e ecossistemas terrestres.

Quando analisados como um todo, os ODSs são um chamado universal para ação contra a pobreza, proteção do planeta, paz e prosperidade. Os Objetivos de Desenvolvimento Sustentável são impulsionados pelas *Smart Cities*, uma vez que uma Cidade Mais Inteligente tem como principal missão a melhoria da qualidade de vida de sua população.

No início de cada um dos textos e na seção do Índice Remissivo, no final do livro, mostramos como os textos dialogam com os ODSs e deixamos claro que o desenvolvimento de *Smart Cities* é, também, uma forma de contribuir com as Nações Unidas para a criação de uma sociedade mais justa, equilibrada e sustentável.

1

INTRODUÇÃO

A CIDADE STARTUP

A CIDADE STARTUP

A sociedade como um todo vive hoje um grande processo evolutivo. Estamos em um momento de grande disrupção: nunca, nenhuma geração jamais passou por tamanhas mudanças quanto atualmente. Somos felizardos por vivermos nesta era de transformação que impacta em tudo o que conhecemos.

Acredito que a transformação virá para o bem da sociedade. Potencial para isso existe. Basta olhar para as possibilidades das *Smart Cities* para percebermos que estamos no início de um processo que pode criar novas formas de interação humana.

Não gosto da expressão "cidades inteligentes", que é a tradução literal de *Smart Cities*, porque ela dá a entender que existem "cidades burras". Cada cidade é um processo, desenvolvido a partir da interação entre as pessoas, que criam identidades próprias e soluções para os problemas específicos de cada comunidade. Por isso, acredito em *Cidades MAIS Inteligentes*, que se baseiam em cinco grandes pilares para acontecer:

1) **Tecnologia:** quando a expressão *Smart Cities* surgiu, nos EUA nos anos 80, era usada por grandes empresas comerciais que tentavam vender soluções tecnológicas para cidades. Hoje já não é assim, mas a tecnologia continua a exercer um papel fundamental;

2) **Para os cidadãos:** já estive em mais de 50 países acompanhando projetos de *Cidades Mais Inteligentes* e percebi que, na maioria das vezes, o sucesso está diretamente relacionado a ser orientado ao cidadão. Projetos de *Smart Cities* precisam nascer direcionados a um problema real do cidadão;

3) **Qualidade de vida:** projetos de *Cidades Mais Inteligentes* podem ter inúmeros objetivos secundários, mas o principal objetivo deve ser melhorar a qualidade de vida da população. Para que isso aconteça, será preciso envolver empresas privadas, o setor público, ONGs e cidadãos, para que, juntos, trabalhem em prol das melhores soluções para a cidade;

4) **Nova Economia:** conceitos como Economia Criativa, Economia Compartilhada e Economia Circular levam para a sociedade o sentimento de cocriação. A sociedade quer fazer parte dos projetos e essa participação precisa estar contemplada nos projetos de *Cidades Mais Inteligentes*.

5) **Resiliência:** projetos de *Smart Cities* precisam trazer resiliência para as cidades, não importa se estamos falando

de um vilarejo na Itália com 5 mil habitantes ou de uma metrópole como o Rio de Janeiro. Bons projetos dão às cidades a capacidade de se adaptar aos movimentos da sociedade.

O conceito de *Smart Cities* está ganhando espaço e será cada vez mais relevante para os agentes públicos, empresas privadas e para os cidadãos. Neste livro, vamos explorar a fundo o tema, mostrando suas diferentes faces a partir de uma compilação dos artigos que tenho escrito para o blog Cidades Mais Inteligentes, do UOL. Desde já, convido você a acessar o blog e não só acompanhar as novidades, mas também comentar e compartilhar suas experiências. Afinal, as *Smart Cities* só acontecem com o envolvimento de todos nós.

Seja bem-vindo!

A CIDADE STARTUP

4 milhões de bebês morreram em 2017 – por que a tecnologia não os ajudou?

| 1 ERRADICAÇÃO DA POBREZA | 2 FOME ZERO E AGRICULTURA SUSTENTÁVEL | 4 EDUCAÇÃO DE QUALIDADE | 5 IGUALDADE DE GÊNERO | 10 REDUÇÃO DAS DESIGUALDADES | 11 CIDADES E COMUNIDADES SUSTENTÁVEIS | 16 PAZ, JUSTIÇA E INSTITUIÇÕES EFICAZES |

Você já ouviu falar de Lusail? Trata-se de uma cidade planejada no Qatar (ou Catar), na parte norte do município de Al Daayen, cerca de 23 km ao norte do centro da capital, Doha. Em minha primeira visita à cidade, ministrei um treinamento para uma equipe de gestores públicos. Foi uma experiência que me abriu uma outra visão de mundo.

Quando experienciamos culturas tão diferentes é que nos damos conta de que não somente conhecemos bem pouco sobre a diversidade mundial, como o quanto somos influenciados pelo senso comum e por "pré-conceitos". Além da modernidade do país, me chamou muito a atenção o fato de contar com 15 alunas entre os 20 participantes do curso. Ainda que conservadores (menos que os sauditas, mas muito mais que os emiratis) os qataris (como são chamados os cidadãos locais) foram supersimpáticos, abertos e curiosos.

Sempre que vou fazer uma palestra ou ministrar um curso, começo falando do livro *Factfulness,* do Hans Rosling, que declara suas opiniões com base em evidências, em vez de "achismos". No livro, o autor evidencia dez razões pelas quais estamos errados e por que as coisas no mundo são melhores do que você pensa. O livro tornou-se rapidamente um *bestseller* internacional e atualmente está disponível em 12 línguas, incluindo o português. Ele se baseia em FATOS e não suposições, "senso comum" ou pré-conceitos.

Em um mundo ideal, a mídia deveria apresentar as notícias da forma mais real e acurada possível, fornecendo o máximo de fatos e contextos para torná-las ainda mais relevantes. Mas, infelizmente, as notícias viraram um grande negócio, que precisa de clientes (nós, os leitores). Por outro lado, adoramos notícias bem mastigadas e cheias de drama, não é verdade? Por isso nossa visão de mundo é tão restrita e não passa de uma representação pobre da realidade.

O bombardeio de notícias ruins nos leva a pensar que as pessoas estão vivendo pior atualmente do que no passado. Mas essa percepção está bem longe de ser verdade. **De fato, existe muito menos pobreza atualmente do que em qualquer outra época de toda a evolução humana, pessoas em todas as partes estão vivendo mais, e menos partes do mundo são governadas por patriarcados opressores e sexistas.** Todas essas mudanças positivas são resultado da economia global, que tem aumentado o nível de renda das pessoas.

No livro *Factfulness,* o autor atribui a visão distorcida do mundo ao que ele chama de *megamisconceptions* (megaequívocos), como Oriente *versus* Ocidente ou países desenvolvidos *versus* países subdesenvolvidos, que muitas vezes usamos para justificar muita coisa no Brasil.

Entre as nações de baixo nível de renda, qual o percentual de meninas que consegue concluir a educação em uma escola pública? 20%, 40% ou 60%? Já entendeu que a resposta será a mais positiva, certo? E não é só isso: nesses países, mulheres na faixa de 30 anos cursaram, em média nove anos de educação formal na escola, o que é somente um ano a menos do que a média mundial de tempo de estudo para homens de 30 anos! Incrível, não? Pena que poucas pessoas saibam dos FATOS!

Outra parte grande destes megaequívocos vem do nosso instinto humano natural de negatividade e de medo. É assim que evoluímos como espécie durante milhares de anos, sempre esperando o pior, para garantir nossa sobrevivência. Mas hoje, com menos ameaças como tigres dente-de-sabre ou tribos rivais, o instinto de medo definitivamente acaba distorcendo nossa percepção. A verdade é que em todas as estatísticas mundiais possíveis de mensuração, da expectativa de vida aos níveis de pobreza, podemos verificar uma melhora considerável em relação ao passado.

Quando você lê que quatro milhões de crianças morreram no ano passado, a dimensão desse número pode te levar a pensar que vivemos em tempos terríveis. Porém, ao olharmos quantos bebês morreram em 1950 – 14,5 milhões –, temos uma ideia mais precisa sobre a realidade em que vivemos. Em um mundo ideal nenhum bebê morreria, mas, como não vivemos nele, é importante contextualizar o que chamamos de infortúnio para podermos perceber o progresso que realizamos.

A tecnologia não somente nos ajudou a mitigar os nossos problemas urbanos, mas também proporcionou um nível elevado de comunicação e conectividade. Temos acesso mais rápido, irrestrito e sem fronteiras à informação. Como as notícias negativas (violência, catástrofes, terrorismo) vendem mais do que as boas, precisamos aprender a analisar mais os fatos e os contextos. Para cada morte que você lê (ou vê) em notícias sobre desastres, como terremotos e inundações, há muito mais pessoas que sobrevivem aos desastres naturais agora do que antigamente. Atualmente, o número de mortes mundiais relacionados a desastres naturais é somente 25% do que era há 100 anos.

A população do mundo não continuará crescendo de forma ameaçadora à nossa existência. Mais de 80% dos bebês em todo mundo são vacinados contra algum tipo de doença. O mundo está melhor e melhorando, acredite. E isso não é a minha percepção, é estatística!

Este texto foi originalmente publicado no blog Cidades Mais Inteligentes, de Tilt.

Acesso direto:

Com 760 milhões abaixo da linha da pobreza, o mundo está melhorando?

Em todo o mundo, as cidades estão se tornando lugares melhores para se viver. Neste livro, falaremos de alguns projetos bem bacanas, como o da pequena cidade japonesa de Kamikatsu, que atualmente recicla mais de 80% de todo o lixo produzido. Também falaremos de Bastia di Rovolon, uma cidadezinha no nordeste da Itália, que resolveu seu problema de investimento em câmeras de segurança com uma "vaquinha"(*crowdsourcing*) entre seus habitantes.

O Brasil não fica para trás na tentativa de fazer cidades mais inteligentes. Veremos os exemplos criativos de Juazeiro do Norte e do Rio de Janeiro, que encontraram os parceiros certos para cooperar na resolução de seus problemas. Mas você já deve estar se perguntando: será mesmo possível? O mundo parece cada dia pior. Nos jornais diários, só notícias negativas e estatísticas estarrecedoras de saúde, educação e segurança!

É exatamente por aqui que quero iniciar. Proponho uma reflexão: nunca devemos esquecer que nosso planeta ainda tem muito o que melhorar e que cada um de nós detém uma parcela de responsabilidade nisso. Mesmo assim, é possível reconhecer os avanços que o mundo deu? Existem tais avanços? Nosso futuro é promissor?

A CIDADE STARTUP

Primeiro, é preciso entender que a maneira como nos "vendem" as notícias está baseada muito mais no negócio de atrair leitores do que na análise dos fatos. E, até certo ponto, isso ocorre por nossa culpa, pois adoramos notícias com manchetes sensacionalistas. Isso muda não somente a forma com que vemos a realidade, como também cria um sentimento desmotivador, um pessimismo generalizado.

Por falar nisso, estamos em um mundo com 760 milhões de pessoas vivendo abaixo da linha da pobreza. O número impressiona, mas será que a desigualdade no mundo está melhorando ou piorando? Segundo o cientista social sueco Hans Rosling, autor do livro *Factfulness*, se considerarmos os países de renda média e alta, eles representam, atualmente, quase 90% da população mundial. Há somente 200 anos, 85% da humanidade vivia na pobreza. Quanta diferença!

De acordo com o Banco Mundial, considera-se que as pessoas vivem em extrema pobreza se estão abaixo de uma renda de US$ 1,90 por dia (a chamada Linha Internacional da Pobreza). Seja qual seja for a metodologia que você escolher para quantificar a extrema falta de recursos de um indivíduo, a parcela de pessoas vivendo abaixo da linha de pobreza diminuiu drasticamente ao longo das últimas décadas.

Não se convenceu? Ok. Na década de 1960, 125 países estavam na lista de "subdesenvolvidos", se considerarmos uma taxa de mortalidade infantil acima de 5% até os 5 anos de idade. Atualmente, essa lista contém somente 13 nações. Segundo a UNICEF, a progresso na melhoria da sobrevivência infantil desde o ano 2000 salvou a vida de 50 milhões de crianças menores de 5 anos. O que você me diz? Estamos melhorando?

Mas e a segurança? Essa, sim, está bem pior, certo? Se analisarmos a série histórica americana, por exemplo, mais de 14,5 milhões de crimes foram reportados em todo o país em 1990. Em 2016, mesmo com todo o problema do terrorismo, esse número caiu para 9,5 milhões. Nova York, por exemplo, registrou uma redução de quase 90% no número de homicídios entre 1990 e 2017. A melhora dos índices da *Big Apple*, não só na segurança, é resultado direto de políticas austeras, como a "tolerância zero" do prefeito Rudolph Giuliani (1994 – 2001), combinadas com uma recente estratégia bem implementada de cidade inteligente.

No Brasil, onde a segurança é um dos principais problemas urbanos, os números são um pouco mais difíceis de analisar, uma vez que muitos crimes não eram (e ainda não são) reportados oficialmente. Mas podemos sim (e vamos) discutir alguns bons exemplos e projetos que estão sendo implementados para melhorar nossa qualidade de vida. Um excelente exemplo é o de Diadema, na Grande São Paulo: lá, uma boa gestão pública, aliada à tecnologia, está ajudando a transformar essa cidade que, no passado, já foi apontada como uma das mais violentas do Brasil.

     E você? Está pronto para começar a tornar a sua cidade mais inteligente e um lugar melhor para viver?

Este texto foi originalmente publicado no blog Cidades Mais Inteligentes, de Tilt.

Acesso direto:

A CIDADE STARTUP

Será que os empresários brasileiros estão prontos para sair da crise?

8 TRABALHO DECENTE E CRESCIMENTO ECONÔMICO   **10** REDUÇÃO DAS DESIGUALDADES   **11** CIDADES E COMUNIDADES SUSTENTÁVEIS   **17** PARCERIAS E MEIOS DE IMPLEMENTAÇÃO

Ultimamente, tenho tido a clara impressão de voltar no tempo. Com a retomada da economia brasileira, o mercado começa a reagir e, por consequência, os empresários voltam a pensar em investimentos, comércio exterior, competitividade internacional etc. Esse clima de otimismo não acontece somente no Brasil. Na Europa, a percepção de que as coisas melhoraram no País também é grande.

Essa é uma boa oportunidade para entender a pós-crise europeia e fazer um *benchmarking* da possível pós-crise brasileira. É exatamente aqui que eu volto sete anos no tempo.

Era setembro de 2012, durante o auge do "último milagre econômico", quando tive a oportunidade de acompanhar um grupo de empresários do setor de material de construção em uma visita à Alemanha. Na época, essa experiência me rendeu um profundo sentimento de que estávamos para ultrapassar um dos maiores mitos do *mindset* brasileiro: o complexo de vira-lata.

A seleção estava formada e pronta para o jogo. Quatorze dos mais seletos protagonistas mineiros escalados entre vários que buscavam a chance de representar não só o rico Estado de Minas Gerais, mas principalmente essa nova potência tupiniquim que todos (bem informados) lá fora idolatravam.

"Nosso grupo é um dos maiores da Alemanha e somente esta loja que os senhores estão visitando, das mais de 200 que temos apenas na Alemanha, possui nada menos que 16.000 m² e 105 funcionários", disse, orgulhoso, o altivo Dobermann Ariano, encarregado de apresentar sua empresa. Começou então um curto diálogo:

- O senhor, por exemplo, quantos funcionários tem na sua maior loja? – perguntou o alemão, visivelmente orgulhoso, a um dos "pequenos vira-latas" da nossa querida República das Bananas.

- 650 – responde, "humildemente", o representante verde-amarelo.

- Quantos? 150? – indaga de volta, agora com um ar mais surpreso que superior, o alemão.

- Não, o senhor não me entendeu bem. São 650 funcionários em nosso "modesto estabelecimento" de 25.000 m², o mais expressivo dos oito que possuímos, todos especializados somente no segmento elétrico – respondeu o brasileiro.

Esse diálogo ilustra um pouco o tom daquela experiência de 10 dias de imersão no varejo de materiais de construção da Alemanha e Itália. A riqueza e abrangência da agenda técnica por si só já teriam sido suficientes para justificar a iniciativa. Na Alemanha, a análise do mercado local – que na época estava muito orientado às grandes lojas de cadeias locais que têm, na esmagadora maioria de seu *mix*, produtos fabricados pela indústria nacional – serviu de exemplo para entender que planejamento setorial, apoio do governo e valorização junto aos consumidores foram os alicerces da sustentabilidade e do fortalecimento desse setor do varejo.

Já os *workshops* na Itália com duas associações nacionais de revenda de material de construção e ferramentas, somados às visitas a pequenos varejistas e redes locais, deixaram bem claro que somente uma real integração da cadeia de distribuição, em que a indústria soma esforços com o varejo em ações de mercado conjuntas que contam também com a participação do governo, permitiu que as pequenas empresas do setor sobrevivessem à crise de 2008. Nada diferente da nossa realidade, não acha?

O difícil de mensurar, na verdade, são os ganhos intangíveis de iniciativas como essas. Um exemplo é o momento quase mágico em que os vira-latas do antigo "terceiro mundo" se deram conta do seu real *pedigree* e se transformaram em "neonobres", objetos de admiração e até inveja dos seus pares "ex-primeiro mundo".

Essas experiências internacionais não somente incentivam a discussão de novas práticas de gestão, mas, também e principalmente, proporcionam ao empresário brasileiro a oportunidade de se avaliar e fazer uma releitura da posição de seu negócio em uma perspectiva muita mais ampla que a do seu mercado local.

A CIDADE STARTUP

Estou convencido de que vamos iniciar um novo ciclo de prosperidade nacional e, por consequência, de protagonismo internacional. O Brasil será mais uma vez redescoberto e muito cobiçado pelo mundo. É fato que a nossa tradicional República das Bananas está, mais uma vez, se transformando aos olhos do mundo. É fundamental que nós, brasileiros (governantes, estudantes, empresários, cidadãos) nos despeçamos o mais rapidamente possível desse nosso antigo companheiro imaginário vira-lata que ainda insiste em se esconder no fundo do nosso inconsciente popular.

Temos que nos livrar urgentemente de frases como: "Isso não funciona por aqui" ou "É porque aí é o primeiro mundo". No Brasil temos tecnologia de ponta sendo desenvolvida e muito potencial humano para fazer muito mais. Vamos lá, então! Que venha esse novo ciclo de bonança, pois estamos preparados (assim espero).

Só conseguiremos evoluir para o conceito de Cidades MAIS Inteligentes quando tivermos uma mudança na mentalidade da sociedade. Esse seria um bom começo no caso particular do Brasil. Você já conseguiu eliminar ou somente escondeu o vira-lata que existe aí dentro?

Este texto foi originalmente publicado no blog Cidades Mais Inteligentes, de Tilt.

Acesso direto:

O Brasil está preparado para abrigar uma cidade startup?

8 TRABALHO DECENTE E CRESCIMENTO ECONÔMICO **9** INDÚSTRIA, INOVAÇÃO E INFRAESTRUTURA **11** CIDADES E COMUNIDADES SUSTENTÁVEIS **17** PARCERIAS E MEIOS DE IMPLEMENTAÇÃO

Qual a história (ou estória) de sua cidade? Qualquer cidadão que se orgulha da sua naturalidade deveria ser capaz de responder a essa pergunta. Na verdade, independentemente de ser uma lenda ou uma história verídica, as origens de uma cidade acabam por retratar a sua alma, o seu DNA.

Da fábula dos irmãos Rômulo e Remo, que deram origem a Roma, aos mercenários da corrida do ouro do oeste americano que cunharam as origens de São Francisco, as pedras fundamentais de uma cidade não são físicas. São, isso sim, os conceitos lapidados ao longo do tempo pelos quais os cidadãos se identificam, se orgulham e que dão propósito, sentido, à existência das cidades.

E o que acontece com as cidades novas, aquelas chamadas de *greenfield* – local onde um novo núcleo urbano é planejado e erguido do zero? Os grandes projetos de cidades planejadas não são novidade (Brasília que o diga!), mas o processo de urbanização com fins comerciais e um forte apelo tecnológico começou a se intensificar a partir do início do século XXI, principalmente na Ásia. Foi o começo da era das cidades inteligentes planejadas.

O mais bem-sucedido projeto de *Smart City greenfield* é Songdo, a utópica cidade futurística planejada na Coréia do Sul que começou a ser erguida em 2002. Distante cerca de 40 quilômetros da capital Seul, o município foi construído em uma área de 600 hectares com um plano urbanístico de dar inveja a qualquer cidade madura. Planejada para comportar mais de 300 mil habitantes, a data inicial de conclusão das obras era 2015, mas foi estendida para 2018 e, mais recentemente,

A CIDADE STARTUP

2022. Em pleno coração da Ásia rica, a cidade conta atualmente com somente 70 mil habitantes e luta incansavelmente para atrair mais pessoas e empresas.

Songdo não é o único projeto de nova cidade ou urbanização tipo *greenfield* que está sofrendo para decolar. Masdar, nos Emirados Árabes Unidos; *King Abdulah District*, na Arábia Saudita; e a recém-inaugurada Lusail, no Qatar, são exemplos de cidades futurísticas quase fantasmas. Com dinheiro público abundante, vontade política, investidores privados, perfeição no planejamento e na execução, o que está dando errado nesses projetos?

Por terem sido pensadas em um papel e criadas do zero, as novas cidades não têm história. Falta um DNA e não há um vínculo inicial entre seus cidadãos. Vizinhos não brincaram juntos na infância e nem frequentaram a mesma escola. Assim, as pessoas decidem mudar por incentivos financeiros, mais oportunidades ou menos violência.

O movimento de cidades inteligentes *greenfield* está começando a ganhar força no Brasil e isso deve aumentar com o aquecimento da economia previsto para os próximos anos. Contudo, são realmente projetos de cidades ou simplesmente empreendimentos imobiliários com uma embalagem "*fancy*" de cidade inteligente para turbinar as vendas? Elas conseguirão atrair investidores em um primeiro momento, mas serão capazes de engajar verdadeiros cidadãos? Existe vantagem competitiva de médio e longo prazo nos projetos? Essas são algumas perguntas que devemos fazer ao analisar as propostas.

Criar uma cidade nova deve ser, antes de tudo, escrever uma nova história. A grande vantagem é que nós temos a chance de não repetir os mesmos erros do passado e, principalmente, de minimizar os problemas das cidades já existentes. Devemos pensar em cidades autossuficientes (principalmente economicamente) baseadas nos princípios da sustentabilidade. Cidades independentes que sejam fortes por si só e que não precisem de uma "mãe Brasília" completando seus orçamentos com uma mesada mensal.

O segredo é pensar em soluções a partir dos problemas, atentando para as lições aprendidas em outros projetos e focando nas melhores práticas do mercado. Isso parece familiar? Sim, essa é a essência básica das empresas *startups*. Então, por que não pensar em uma *Cidade Startup*?

Aqui entra um conceito que tem sido desenvolvido e implementado desde 2016. Batizado de **City SmartUp**, ele é mais que um mero jogo de palavras. É a união de dois conceitos atuais: o das **Smart** *Cities* (cidades inteligentes) e o das Start**up**s. Na prática, é repensar cidades existentes ou planejar novas cidades seguindo quatro passos, fundamentados nos princípios modernos de empreendedorismo e inovação que encontramos na gestão de empresas *startups*. São eles: decifrar e potencializar o DNA da cidade; planejar e executar os projetos de forma simples e objetiva; buscar parceiros estratégicos; e mudar a mentalidade do ecossistema através do desenvolvimento de parcerias público-privadas com pessoas (cidadãos), as novas PPPPs.

A questão é que temos que basear o desenvolvimento de novas cidades em argumentos sólidos. Novos conceitos urbanos, como o da aerotrópole (uma cidade aeroportuária em que o *design*, a infraestrutura e a economia estão centrados em um aeroporto) são um bom exemplo de por onde começar. Esse foi, inclusive, o conceito que fundamentou a criação da cidade coreana de Songdo.

A verdade é que um projeto moderno e belo não é suficiente para garantir o sucesso de uma nova cidade. **É preciso ter um propósito**, uma ideia central que ajude a escrever as primeiras linhas da história desta nova cidade ou, por que não, as linhas que formarão o código do seu DNA. A analogia é direta: se na genética a perspectiva de reescrever a sequência do DNA humano está possibilitando sonharmos com uma vida sem doenças, para as cidades a oportunidade de criarmos cidades planejadas do zero (reescrevendo o DNA urbano defeituoso das cidades atuais) poderá nos levar a um outro nível de qualidade de vida.

Portos, grandes indústrias, centros tecnológicos e quaisquer outros grandes projetos de desenvolvimento econômico podem servir como referências para a criação de uma **cidade *startup***. E digo mais: se bem desenhada, ela já nascerá com um *pitch* matador para os investidores e com um superDNA sustentável e à prova de crises, que certamente atrairá muitos candidatos a cidadão. Que venham as *greenfields* brasileiras!

Este texto foi originalmente publicado no blog Cidades Mais Inteligentes, de Tilt.

Acesso direto:

2

A NOVA REVOLUÇÃO

A CIDADE **STARTUP**

A CIDADE STARTUP

A *nova* revolução

Estamos à beira de uma nova revolução, fomentada pela digitalização do mundo e pela conectividade, que elimina fronteiras e estimula a troca de ideias. É um ambiente fértil para a inovação, mas também um ambiente mais livre para quem deseja fazer o mal. Ao mesmo tempo em que devemos abraçar o potencial criativo do nosso tempo, temos que tomar cuidado com possíveis aplicações negativas da tecnologia. Ninguém deseja que a Skynet do filme *O Exterminador do Futuro* se torne realidade, e fazer com que os avanços tecnológicos sejam usados para promover o bem da sociedade depende de todos nós.

Seja bem-vindo à Nova Revolução da Humanidade!

Estamos preparados para a Quarta Revolução Industrial?

Nosso planeta está em festa. Está completando 4,5 bilhões de primaveras! Se considerarmos que o principal fator externo para a nossa existência é o Sol, ainda teremos ao menos uns 6 bilhões de anos de vida pela frente! Haja festa para comemorar. Dito isso, partimos daqui em diante com a premissa de que a Terra não vai acabar amanhã, ok? Desastres ambientais, superaquecimento, hiperpopulação, guerra nuclear, robôs do mal... não importa o quão grave sejam nossos problemas, eles provavelmente não nos levarão ao fim literal do mundo.

Mas isso também não significa que não vamos mudar! O processo de evolução nos acompanha desde sempre. Toda essa angústia que sentimos hoje está mais relacionada à velocidade de acesso à informação de que dispomos. Tudo evolui tão rápido que perdemos a noção do todo. Vou dar um exemplo: vamos imaginar que todo esse tempo de vida na Terra fosse representado em 24 horas. Nessa escala, a tão famosa Era dos Dinossauros teria acontecido há pouco menos de dois minutos. Incrível, não? E os últimos segundos têm sido muito intensos: recentemente, atingimos progressos antes inimagináveis, como voar, ir à Lua, decifrar o genoma humano ou desenvolver Inteligência Artificial.

A CIDADE STARTUP

Mas você ainda não viu nada. Sente medo daquelas montanhas russas radicais, como a Kingda Ka, nos Estados Unidos, que atinge 205 km/h em 3,5 segundos? Ela é fichinha perto do que está por vir. Por isso, quero mostrar quatro cenários futuros que vão certamente fazer você refletir.

O primeiro trata de **inclusão digital *versus* exclusão social**. Isso porque, apesar de os números sobre a pobreza absoluta mundial estarem melhorando, e o capitalismo ser provavelmente o melhor sistema econômico que inventamos, a distribuição de riqueza ainda é um problema a ser tratado. Menos de 1% da população mundial acumula mais de 80% da riqueza total da economia, e esse desequilíbrio nos leva a uma forte exclusão social. Mais uma vez: isso não é novo! O que está mudando agora — e que pode ser uma notícia muito boa — está relacionado à inclusão digital.

Tive a oportunidade de acompanhar três projetos que ilustram essa tendência. Na Tanzânia, as cidades ainda sofrem com a escassez de energia, às vezes com menos de cinco horas de eletricidade por dia. Vendedores de rua locais começaram a oferecer recarga de bateria de celular como serviço. Não estou falando de crédito, mas sim de bateria. Mesmo as pessoas socialmente marginalizadas estão 100% inclusas digitalmente, o que torna muito mais fácil localizá-las e compreender suas reais necessidades para que possamos ajudá-las – desde que exista interesse por parte da sociedade organizada e vontade política para isso, claro!

O segundo cenário está relacionado **ao desenvolvimento da Inteligência Artificial (AI)**. O mundo inteiro começa a debater em quais aplicações a AI será mais útil. Isso, porém, terá um custo, e não me refiro apenas ao valor investido para seu desenvolvimento, mas sim ao custo social. Se um dia tivermos, por exemplo, um robô como Presidente da República, após um longo período de calibragem e aprendizagem do algoritmo nosso governante estaria apto a achar soluções originais para diversos problemas. Seriam literalmente "ideias" ou decisões suas. Quanto mais tempo em funcionamento, mais "sábio" ele se tornaria. Será que depois de todo o trabalho e contribuição dados nesse processo de "evolução artificial" poderíamos simplesmente "desligá-lo da tomada"?

Estamos evoluindo para um futuro no qual a sociedade será composta por homens (*Homo sapiens*), homens com partes biônicas ou com melhorias genéticas (*Homo cyborgs*) e androides funcionando a partir de AI. A essa altura, será que esses androides, que raciocinam usando algoritmos baseados na realidade humana, não deverão ter os mesmos direitos básicos de decidir quanto à vida e à morte e de serem remunerados por seus trabalhos?

Já o terceiro cenário diz respeito à chamada **Internet das Coisas (IoT)**. Alguns números importantes: em 2008, o número de conexões digitais ultrapassou o número total de habitantes do planeta. Mais impressionante ainda é o fato de que se estima que em 2020 teremos mais de 50 bilhões de "coisas" conectadas. Isso inclui eu, você, seu vizinho, sua máquina de lavar, carro, relógio, o contador de luz de sua casa.... TUDO! Isso é a *Internet of Everything*. Já pensou no volume de dados que serão produzidos nas nossas cidades? Se os dados são realmente o novo petróleo, nossas cidades estão ricas!

Agora una esses cenários que vimos até agora a mais dois ou três ingredientes tecnológicos, como a internet 5G, e misture tudo. Sabe qual será o resultado? Um vibrante e energético cenário chamado de **Quarta Revolução Industrial**. Impressoras 3D de comida, drones-táxis, *hyperloops*, veículos autônomos... Todas essas inovações são somente a ponta do iceberg. Um novo mundo está surgindo e será modelado pela Quarta Revolução, e muitos acreditam que ela será a mais disruptiva de todas, ainda mais importante do que a Revolução Agrícola, que ocorreu há mais de 12 mil anos e foi a responsável por sedimentar o homem à terra. Graças a ela deixamos de ser nômades para começar a construir comunidades e cidades.

Se no relógio geológico que observamos os dinossauros estiveram aqui há menos de dois minutos, quem, ou o quê, está por chegar? Como essas mudanças influenciarão diretamente a sua vida? Como setores tão tradicionais da indústria, como o automobilístico ou o de seguros, vão se adaptar para sobreviver às mudanças? Ainda não há respostas. O caminho está sendo construído hoje, por todos nós.

Este texto foi originalmente publicado no blog Cidades Mais Inteligentes, de Tilt.

Acesso direto:

A CIDADE STARTUP

Pensando em trocar seu notebook? Aqui vai a dica: jogue ele fora!

11 CIDADES E COMUNIDADES SUSTENTÁVEIS

12 CONSUMO E PRODUÇÃO RESPONSÁVEIS

A primeira quinzena de janeiro é provavelmente o momento mais esperado do ano para a indústria eletroeletrônica. Enquanto muitos ainda estão se recuperando das festas de final de ano e outros iniciam suas férias, a cidade de Las Vegas está pegando fogo em pleno inverno americano. É ali que acontece o famoso evento *Consumer Electronics Show* (CES).

O CES é o ponto de encontro mundial para todos os envolvidos no negócio de tecnologias de consumo. Há mais de 50 anos, o evento funciona como uma espécie de laboratório de testes para tecnologias inovadoras – das *startups* disruptivas, passando pelos unicórnios às gigantes multinacionais, todos estão presentes.

Só para você ter uma ideia da importância do evento, veja alguns produtos que foram lançados em primeira mão no CES: Videocassete (1970), Filmadora (1981) *Compact Disc Player* (1981), *Compact Disc* (CD - 1991), DVD (1996), Televisão de Alta Definição (1998), Microsoft Xbox (2001), TV de Plasma (2001), Tablets, Netbooks e Dispositivos Android (2010), Tecnologia de Veículos Autônomos (2013), Impressoras 3D e Dispositivos IoT (2014), TV 4K e Realidade Virtual (2015).

O foco costuma estar nas tecnologias que estão chegando, mas você já pensou naquelas que vão desaparecer? A maioria dos produtos inovadores lançados em edições anteriores do CES nem sequer existe mais, o que faz com que a pergunta-chave seja: **o que está prestes a morrer nos próximos anos?**

Para responder isso, listei quatro produtos supertradicionais que provavelmente você nunca imaginou que um dia pudessem ficar obsoletos:

1- **Interruptores de parede:** um clássico indispensável em toda e qualquer casa, certo? Sua função é bem simples: acender e apagar a luz. Mas a Internet das Coisas está mudando tudo muito rápido. Todas as coisas estão se tornando online, inclusive nossas casas. Isso inclui não somente nossos eletrodomésticos, mas também as tomadas e interruptores da nossa casa. Basta dizer: "*Alexa, acenda as luzes da sala*" e o milagre acontece. *Bye bye*, interruptores!

2- **Câmeras fotográficas:** a primeira fotografia "bem-sucedida" foi feita aproximadamente no ano de 1816, pelo francês Joseph Nicéphore. Daquela caixinha preta até as superobjetivas de hoje muita coisa mudou – uma evolução ocorreu. Contudo, o que ocorre agora é uma revolução na fotografia digital baseada em dispositivos móveis (celulares). Com os novos modelos com 5 e 7 câmeras integradas, em um futuro muito breve eles provavelmente substituirão em 100% as câmeras tradicionais (que são somente câmeras). Mas se você é um amante da fotografia tradicional, feita em câmeras reais, nem tudo está perdido. Pode ser que antes que os celulares as substituam, eles próprios já tenham deixado de existir!

3- *Smartphones*: essa nem é uma previsão nova. Desde 2016, a indústria da telefonia profetiza a substituição dos *smartphones* pelos chamados *wearables*. Implantes reticulares, relógios inteligentes, fones de ouvidos implantados e outras parafernálias no estilo "ciborgue do futuro" podem enterrar de vez os nossos queridinhos. Adeus, iPhone!

4- **Notebooks:** por fim, os melhores amigos do homem moderno. Mais fiéis, companheiros e confiáveis do que os companheiros de quatro patas, nossos notebooks também vão desaparecer do mapa (e das nossas vidas). Com a evolução dos processadores e a versatilidade da armazenagem em nuvem, os *tablets* seguramente serão os vilões do fim dessa história de amor "homem-*laptop*", que se iniciou em 1971. Os softwares estão evoluindo bem rápido e em breve faremos operações complexas como programação, edição de vídeos e fotos e até renderização 3D direto dos nossos tablets. Com isso, periféricos como *pendrives*, mouses e teclados também virarão peças de museu. Todos vão deixar saudades. Ou não!

Fica a dica: aproveite todos eles enquanto ainda há tempo. Em breve, eles poderão se transformar em peças de museu.

Este texto foi originalmente publicado no blog Cidades Mais Inteligentes, de Tilt.

Acesso direto:

Universidade do futuro: você vai querer estudar nestes campi tecnológicos

4 EDUCAÇÃO DE QUALIDADE   **7** ENERGIA LIMPA E ACESSÍVEL   **9** INDÚSTRIA, INOVAÇÃO E INFRAESTRUTURA   **11** CIDADES E COMUNIDADES SUSTENTÁVEIS

O que diferencia um *campus* normal de um inteligente é o propósito e o foco no usuário final, que atualmente são os chamados nativos digitais. Redes sociais, mobilidade, cocriação, conectividade e acesso a tecnologias de ponta são aspectos muito importantes para essa nova geração. É preciso repensar não somente os métodos educacionais, mas também todo o ambiente físico e o contexto de convivência de nossas universidades, principalmente para atrair e reter os alunos dessa nova geração.

O que, exatamente, torna um *campus* "inteligente" são os mesmos elementos que norteiam o conceito de *Smart City*. Em síntese, o *Smart Campus*, em uma escala mais reduzida se comparado com as cidades, está centrado nas novas tecnologias de ponta, conectando dispositivos, aplicativos e pessoas para possibilitar novas experiências ou serviços e melhorar a eficiência operacional da instituição.

Estamos falando de uma completa reformulação no conceito de ambiente de educação superior. Não se trata somente de digitalizar a metodologia de ensino e o conteúdo, mas sim de criar um verdadeiro *Living Lab* - laboratório de experiências. Qual ambiente urbano seria melhor que uma "cidade universitária" para desenvolver e testar novas tecnologias? Da mão de obra superqualificada a uma amostra real do que podemos chamar de consumidores do futuro, estão todos ali, convivendo diariamente nessas minicidades.

Inteligência Artificial, Internet das Coisas, Energias Sustentáveis, Mobilidade Urbana, Energias Renováveis, Visão Computacional... a tecnologia urbana pode ser desenvolvida, produzida, testada e validada no ambiente controlado de um *campus* universitário. E claro, instituições de ensino e empresas já acordaram para essa nova realidade.

Da mesma forma que o conceito de cidades inteligentes vem evoluindo, o *Smart Campus* pode implementado em forma de projetos *greenfield*, ou seja, construído do zero ou fazendo *retrofitting* (reestruturação) das instalações tradicionais. Quando existe a possibilidade da tecnologia *Smart* ser inserida no DNA do projeto desde a sua concepção, os resultados são incríveis. O projeto Masdar City, localizado em Abu Dhabi, nos Emirados Árabes Unidos, é um excelente exemplo disso. A cidade-modelo, que conta atualmente com uma área de 6 quilômetros quadrados, nasceu em 2006 como um *campus* universitário resultante de uma parceria entre o Masdar Institute, o Massachusetts Institute of Technology (MIT) e a empresa Siemens.

Várias universidades pelo mundo estão aplicando o modelo e vêm ganhando destaque em projetos de ponta. Alguns exemplos:

- A Universidade de Wisconsin-Madison está trabalhando com sensores nos semáforos ao longo de um corredor de viagem para criar uma zona de testes de veículos autônomos;
- Mesmo destaque para a Universidade de Michigan, por sua área de testes de veículos autônomos de 50 mil metros quadrados, chamada de Mcity;
- A Universidade de Washington, em Seattle, está testando um projeto de *smart grid* com mais de 200 medidores inteligentes instalados em prédios do *campus* que rastreiam o uso de energia em tempo real;
- A Clemson University e a Universidade Estadual da Califórnia Dominguez Hills possuem várias iniciativas nas áreas de economia de energia e energia renovável (solar);
- A Universidade do Texas, em Austin, tem sua própria rede elétrica inteligente para atender às necessidades

de eletricidade, aquecimento e resfriamento de todo o *campus*;
- O MIT está criando uma nova faculdade (instalações e corpo docente) com cursos combinando Inteligência Artificial, aprendizado de máquina e ciência de dados com outras disciplinas acadêmicas. Com US$ 1 bilhão em financiamento, este será o maior investimento financeiro em Inteligência Artificial de qualquer instituição acadêmica dos EUA e, provavelmente, do mundo.

Vários projetos também se destacam na Europa, como a Open University, localizada em Milton Keynes, na Inglaterra; e na Ásia, como o é caso da Nanyang Technological University (NTU). O projeto NTU Smart Campus, com mais de 2 quilômetros quadrados, já possui parcerias com importantes empresas, como BMW, Volvo Bus, Blue Solutions e SMRT, para impulsionar o futuro do transporte inteligente, desenvolvendo soluções para veículos elétricos e autônomos.

No Brasil também existem iniciativas de *Smart Campus*, sendo a Faculdade de Engenharia de Sorocaba (Facens) de longe a mais avançada, reconhecida e premiada do País, incluindo o primeiro lugar no concurso internacional de melhor projeto *Smart Cities* para educação promovido pelo *Smart Cities* UK 2017. O *Smart Campus* Facens está localizado em uma área de mais de 100 mil metros quadrados e é um caso de sucesso de um projeto de *retrofitting*. A instituição foi fundada em 1974, mas o programa *Smart* começou somente em 2015. Em somente três anos de projeto, o campus desenvolveu seis centros de inovação, incluindo um Fablab, e mais de 50 laboratórios especializados, com destaque para o primeiro laboratório conceitual de Indústria 4.0 do Brasil.

O Smart Campus Facens está localizado em uma área de mais de 100 mil metros quadrados e é um caso de sucesso de projeto de retrofitting. A instituição foi fundada em 1974, mas o programa Smart começou somente em 2015. Em apenas 3 anos de projeto, o campus já conta com 6 centros de inovação, incluindo 1 Fab Lab, e mais de 50 laboratórios especializados, com destaque para o primeiro laboratório conceitual de indústria 4.0 do Brasil.

Por fim, o conceito de *Smart Campus* pode (e deve) estar apoiado nos Objetivos de Desenvolvimento Sustentável (ODS) das Nações Unidas. A plataforma Agenda 2030, apresentada em 2015, traz uma lista com 17 objetivos de desenvolvimento sustentável propostos pela organização. O programa ganhou muita visibilidade internacional e atualmente tem aparecido dentro das estratégias de responsabilidade social de órgãos governamentais, organizações públicas e empresas privadas. Alguns dos ODS fazem parte do DNA de um *Smart Campus*, como Educação de Qualidade (ODS 4), Energia acessível e limpa (ODS 7), Indústria, Inovação e Infraestrutura (ODS 9) e Cidades e Comunidades Sustentáveis (ODS 11). Contar com um selo das Nações Unidas no contexto de uma instituição de ensino superior seguramente ajuda muito no posicionamento e reconhecimento mundial e na atração de investidores e parceiros nacionais e internacionais.

Seguramente, estamos construindo um novo mundo mais *Smart* e muito mais excitante.

Este texto foi originalmente publicado no blog Cidades Mais Inteligentes, de Tilt.

Acesso direto:

Entenda as quatro ondas da Inteligência Artificial que mudarão as nossas vidas

A tecnologia do futuro está bem mais perto que nós podemos imaginar. Dos disruptivos veículos autônomos, passando pelos drones de combate a incêndios até os softwares que terminam sozinhos as frases que estamos escrevendo, não há como escapar do fato de que a Inteligência Artificial (AI) já faz parte das nossas vidas.

Neste contexto, duas grandes potências estão correndo lado a lado na competição pelo desenvolvimento da tecnologia. De um lado estão os Estados Unidos, com suas empresas do Vale do Silício. De outro a China, que está investindo pesado para ser a primeira superpotência do setor. Isso inclui subsidiar fortemente o desenvolvimento de novas empresas de tecnologia e criar incentivos para fomentar o investimento em novas *startups*.

Recentemente, li o livro **AI Superpowers: China, Silicon Valley, and the New World Order**, do prof. Ph.D Kai-Fu Lee. O livro descreve a acirrada disputa entre China e EUA neste competitivo setor, estimado em US$ 15,7 trilhões em todo o mundo. Para Lee, a interação da Inteligência Artificial em nossas vidas está acontecendo em quatro ondas. A *primeira onda* é a aplicação da AI na internet e já está disponível para todos. A plataforma de compartilhamento de vídeos recomenda o próximo vídeo para assistirmos com base em um algoritmo de Inteligência Artificial. Por outro lado, o aplicativo *Toutiao*, uma plataforma de notícias e informações com base em Pequim (China), não apenas recomenda artigos, como também os gera automaticamente.

Nessa primeira onda, EUA e China estão praticamente empatados. A China leva uma pequena vantagem graças a um número maior de usuários de internet (que EUA e Europa juntos, por sinal) e a uma população pronta para fazer pagamentos via celular para os criadores de conteúdo. Aplicativos como o WeChat Wallet permitem que as pessoas enviem micropagamentos de alguns centavos para os criadores de conteúdo online de que mais gostam, e esse tipo de ambiente ajuda muito a dinamizar o mercado.

A **segunda onda** é a Inteligência Empresarial. Essa é a categoria em que os EUA realmente têm uma grande vantagem. A AI de negócios está evoluindo bem rápido, com algoritmos tomando decisões sobre investimentos financeiros, Bolsa de Valores e empréstimos bancários. Embora atrás neste setor, a China também possui alguns serviços interessantes, como o *Smart Finance*, que faz pequenos empréstimos pessoais sem levar em conta o histórico financeiro do cliente ou o seu código postal. Em vez disso, ele usa métricas exclusivas, como quanto tempo você leva para responder a determinadas perguntas e qual o tempo restante de bateria no celular. Usando esse algoritmo, o serviço vem se destacando por oferecer empréstimos fiáveis para trabalhadores migrantes e outros segmentos de pessoas sem garantias reais e que atualmente não são atendidas pelo sistema bancário tradicional. A percentagem de inadimplência observada até agora é de apenas de um dígito.

A quantidade e a qualidade de dados referentes a negócios é exatamente o ponto em que a China leva desvantagem. Em comparação com a China, os EUA têm um histórico de dados impecável, com bancos de dados repletos de informações de transações bancárias, financeiras, hospitalares e de dados dos mais diversos tipos de transações comerciais. Por essa razão, os EUA estão em ótima posição para a AI de negócios.

A **terceira onda** é a Inteligência Perceptiva, que inclui programas de reconhecimento de voz e facial. A China tem uma vantagem aqui, em parte devido a diferenças culturais. Os americanos, da mesma forma que os europeus, têm muito receio do efeito "Big Brother" em relação à sua imagem e voz, enquanto os chineses aceitam melhor a ideia de abrir mão de alguma privacidade em troca de mais segurança e, principalmente, conveniência.

A Inteligência Perceptiva vem ganhando muita atenção e promete ser uma das áreas mais disruptivas da AI, pois reduz as fronteiras entre online e offline. É por isso que essa tecnologia geralmente se enquadra na categoria que chamamos em inglês de *online-mixed-off-line* (OMO). Um exemplo de OMO são as lojas inteligentes, como a Amazon Go. Imagine entrar em uma loja que escaneia seu rosto e automaticamente te reconhece. O sistema abre sua lista de compras e a voz do seu artista preferido te cumprimenta e convida a iniciar suas compras. O sistema identifica tudo o que você coloca no carrinho. No final das compras, o sistema avisa se você esqueceu alguma coisa e, assim que você sai da loja, ele debita automaticamente do seu cartão de crédito o valor da despesa.

Outro exemplo da terceira onda são as casas inteligentes. Várias empresas já estão nesta corrida dos assistentes virtuais, como Apple (Siri), Amazon (Alexa) e Google. A China também leva grande vantagem aqui, devido ao polo de fabricação de produtos eletroeletrônicos localizado em Shenzhen. Os produtos para a casa inteligente, que incluem alto-falantes, refrigeradores, aspiradores de pó e micro-ondas, são muito acessíveis no país. Essa vantagem de fabricação da China e as preocupações com a privacidade dos EUA e da Europa dão à China uma vantagem que deverá crescer nos próximos cinco anos.

A *quarta onda* é a AI Autônoma. Até agora, não chegamos nem perto do tipo de tecnologia que confere aos robôs a inteligência humana. Empresas como Google e Tesla estão bem focados em transformar as nossas rodovias com novos modelos de veículos autônomos, que serão lançados nos próximos anos. Mas ainda há muita água para rolar. Aqui entra fortemente a influência dos governos locais e, principalmente, do poder legislativo, que será responsável pelas novas leis que regulamentarão esse setor.

Os EUA têm atualmente uma grande liderança na AI Autônoma, mas a China está se esforçando muito para mudar essa realidade. Na verdade, o governo chinês é muito proativo na aprovação de políticas e regulamentações favoráveis à Inteligência Artificial. Por isso, será mais fácil implementar essa tecnologia em larga escala na China que nos EUA. A China já está construindo uma rodovia e uma cidade inteira do tamanho de Chicago, especialmente projetada para veículos autônomos. É de se esperar que, em cinco anos, os dois países estejam em pé de igualdade nesse tópico.

Quem será a grande potência mundial no setor da Inteligência Artificial ainda é uma incógnita. Mas que essa corrida pelo protagonismo nos trará bons frutos como consumidores da tecnologia, disso não há dúvida.

Este texto foi originalmente publicado no blog Cidades Mais Inteligentes, de Tilt.

Acesso direto:

AI4Good: o esforço mundial para manter novas tecnologias no caminho certo

2018 foi um ano incrível em todos os sentidos. Tivemos inúmeros avanços tecnológicos: Inteligência Artificial (AI), computação quântica, *blockchain*, *data lakes*, robótica... Difícil até enumerar todos. As novas tecnologias têm um impacto cada vez maior no dia-a-dia das nossas cidades e estão moldando a sociedade do futuro.

Uma preocupação é recorrente: como impedir o uso da tecnologia para o mal. A cada dia vemos novas tecnologias emergirem da mesma forma que, na década de 1930, a energia nuclear era anunciada como uma solução para resolver o problema mundial de geração de energia. Como evitar esse mesmo fim trágico? Como garantir que a simpática Alexa, a inteligência artificial da Amazon, não se transforme na tirânica e impiedosa Skynet do futuro?

Muitos cientistas renomados, como o físico inglês Stephen Hawking, são céticos em relação ao avanço em tecnologias como a AI. Em uma entrevista para a BBC em dezembro de 2014, ele foi enfático ao dizer: "O desenvolvimento da Inteligência Artificial completa poderia significar o fim da raça humana ... Ela se tornaria autônoma e se redesenharia a um ritmo cada vez maior. Humanos, que são limitados pela evolução biológica lenta, não poderiam competir e seriam superados."

Por outro lado, já estamos vivenciando todas as maravilhas que as novas tecnologias podem proporcionar. Da erradicação de doenças à democratização do acesso à informação, o mundo está definitivamente melhor graças ao grande desenvolvimento que temos tido no campo da ciência. Então a pergunta de um milhão de dólares: **como controlar e democratizar a tecnologia sem comprometer o ritmo do desenvolvimento tecnológico?**

Algumas iniciativas mundiais já começam a se destacar nesse sentido. É o caso do programa AI4Good (Inteligência Artificial para o Bem) das Nações Unidas, do qual tenho o grande privilégio de fazer parte. O programa nasceu em 2016 em uma parceria entre a Agência de Telecomunicações da ONU (ITU) e a Fundação Americana Xprize. A ideia principal é discutir tópicos de pesquisa em Inteligência Artificial que contribuam para a solução de problemas globais, em particular a partir dos Objetivos de Desenvolvimento Sustentável (ODS). Os 17 ODS estão na imagem abaixo:

Imagem: EBC - Agência Brasil

AI4Good se divide em quatro grupos de estudo: AI aplicada a imagens de satélites; AI aplicada à saúde; AI aplicada a cidades e comunidades; Ética e confiabilidade na AI. Cada grupo de estudo tem como objetivo não somente identificar projetos relativos aos tópicos mais relevantes de sua área principal, mas também propor novas aplicações da tecnologia para minimizar problemas globais.

E o que está acontecendo nessas quatro áreas?

1. **Monitorando a Inteligência Artificial nas imagens de satélites:** você sabia que, desde 2017, é possível fazer imagens de toda a superfície da Terra 365 dias por ano? O monitoramento global por satélite pode ser usado para responsabilizar governos e outras partes por suas ações – por exemplo, mapeando os incêndios na Amazônia ou as emissões de dióxido de carbono para checar a conformidade de cada país com o Acordo Climático de Paris. Estamos passando da análise histórica para a informação em tempo real. As imagens de satélite podem ajudar a humanidade a se tornar ainda melhor em descobrir e explorar os recursos naturais da Terra, incluindo reservas de peixes nos oceanos e grandes rios. O lado preocupante nesta área é que atualmente não existe, literalmente, NENHUM lugar no nosso planeta onde seja possível se esconder dos nossos satélites! Quem detém a tecnologia poderia usá-la para outros fins.
2. **Monitorando a Inteligência Artificial na saúde:** segundo a Organização Mundial da Saúde (OMS), 120 países possuem estratégias de saúde digital. A AI e as tecnologias digitais fornecem novas ferramentas para o avanço nessa área, melhorando a mobilidade de pacientes paraplégicos, tornando o diagnóstico mais eficiente e desenvolvendo novos medicamentos. Mas como toda nova tecnologia, há riscos de abusos. Não devemos perder de vista os direitos humanos. É preciso dar uma grande ênfase à proteção de dados e em como respeitar a privacidade e a confidencialidade dos pacientes. Outro ponto importante, se falamos em uma escala global, é que as novas tecnologias e tratamentos precisam ser adaptados a diferentes culturas. As decisões médicas nem sempre envolvem questões meramente científicas.
3. **Monitorando a Inteligência Artificial nas cidades e comunidades:** um dos pontos centrais na discussão da aplicação da AI em cidades é levar em conta, e assim respeitar, o DNA de cada comunidade. História, cultura e outras particularidades são fundamentais quando pensamos em projetos de TIC. Outro ponto importante é aprender não somente com os casos de sucesso, mas também com os fracassos. Aprender com as experiências de outras cidades, boas ou ruins, é uma maneira útil de evitar repetir os mesmos

erros e poupar muito tempo ao desenvolver soluções de cidades inteligentes. Para evitar o mau uso da tecnologia, as decisões devem acontecer sempre de forma colegiada, envolvendo governo, setor privado, academia, ONGs e a sociedade.

Além disso, há uma enorme necessidade de dados nas cidades. Eles são essenciais para a criação de soluções de cidades inteligentes e seu funcionamento. Para isso, é importante aumentar a confiança dos cidadãos em relação ao que é feito com seus dados para que eles compartilhem mais. Por isso, mais proteção e direitos são necessários.

4 **Ética e confiabilidade na AI:** a confiança na Inteligência Artificial é crucial à medida que a tecnologia avança a um ritmo rápido. Portanto, é vital construi-la no nível básico, incorporando as opiniões e preocupações dos usuários. As soluções de AI devem ganhar a confiança do usuário. A confiança está intimamente relacionada à ética da AI, à segurança e privacidade, e requer qualidade de dados, dados imparciais. As soluções globais de AI exigem confiança e confiabilidade dos sistemas através das fronteiras de nações e culturas. E construir confiança entre culturas requer uma compreensão intercultural da AI, dos valores e das diferenças culturais. Isso inclui diferentes percepções, terminologias e interpretações.

O potencial das novas tecnologias para fazer o bem é enorme, desde que as implicações morais e éticas sejam amplamente discutidas e debatidas com a sociedade. Não está ainda na hora de impor limites ao desenvolvimento das novas tecnologias, mas precisamos monitorá-las de perto para não perdermos o controle.

Este texto foi originalmente publicado no blog Cidades Mais Inteligentes, de Tilt.

Acesso direto:

3

A DISRUPÇÃO DAS
NOVAS TECNOLOGIAS

A CIDADE **STARTUP**

A CIDADE STARTUP

A *Disrupção das Novas Tecnologias*

Nos anos 80, Raul Seixas cantava que preferia ser "essa metamorfose ambulante do que ter aquela velha opinião formada sobre tudo". Quanto mais aceleramos no mundo da transformação digital e na Revolução 4.0, mais esses versos se tornam reais. A verdade é que as mudanças estão acontecendo a um ritmo cada vez mais acelerado e a única certeza que temos é que precisamos estar em movimento constante.

Neste capítulo, falarei de transformações que estão acontecendo em vários setores. Imóveis, saúde, conectividade e alimentação são alguns exemplos de uma mudança generalizada na economia, na sociedade, nos negócios e nas relações humanas. O homem conectado passa a esperar outro nível de excelência e de velocidade dos produtos, serviços e marcas com que se relaciona. Avanços tecnológicos mudam as regras do jogo constantemente e trazem evoluções e revoluções em uma intensidade que nunca antes tínhamos conhecido.

O mundo está mudando. Cada vez mais e cada vez mais rápido. As cidades mudarão junto, do interior de nossas casas até a nossa relação com o poder público. Do transporte de mercadorias à estrutura de assistência social. A incorporação de tecnologia para criar cidades mais inteligentes trará novas oportunidades, novas possibilidades e, como sou otimista, um mundo cada vez melhor.

Você está pronto para a nova era de ouro do mercado imobiliário?

Existe uma forte percepção no mercado nacional e internacional de que a economia brasileira está se recuperando. Vários indicadores macro confirmam essa tese. Talvez não tão rápido como se pensava (ou como nós queríamos), mas seguramente estamos iniciando uma espiral ascendente. A economia está melhorando e é só o começo.

A pesquisa do mercado imobiliário, por exemplo, publicada em março de 2019 pelo Sindicato da Habitação - Secovi-SP, apontou que no acumulado de 12 meses (fevereiro de 2018 a janeiro de 2019), houve um aumento de 20,9% na comercialização de apartamentos novos em relação ao mesmo período de 2018. As boas notícias desse setor não são exclusividade de São Paulo. Em uma conversa com a presidente da CMI/Secovi-MG, Cássia Ximenes, ela me disse que as vendas de imóveis em Belo Horizonte tiveram, em 2018, um desempenho aproximadamente 5% maior do que em 2017. Segundo ela, os empresários mineiros estão confiantes que 2019 e 2020 serão anos muito melhores. Que venha a bonança!

Vamos focar no setor imobiliário e já vai a primeira dica para os mais experientes: *esqueça tudo que você acha que sabe sobre esse mercado*. Dos projetos arquitetônicos, passando pelos métodos de construção até as estratégias de comercialização, tudo está mudando. Estamos entrando em um novo ciclo de prosperidade do setor imobiliário, mas completamente diferente do que foi no passado. Entramos na era das chamadas *PropTechs* – empresas (*startups*) de tecnologias relacionadas à comercialização e gestão de propriedades.

Estamos vivendo um *boom* do conceito "tudo-como-serviço". Esse conceito, mais que uma tendência, é o reflexo do estilo de vida das novas gerações. O consumidor está mais disposto a pagar por soluções do que necessariamente pelo direito de propriedade de um bem. Surge agora, então, o conceito da *moradia-como-um-serviço*, fortemente influenciado pelos fundamentos da economia compartilhada, a mesma que norteou o surgimento do Uber e do Airbnb, entre outros.

No caso do setor imobiliário, ainda temos muito caminho pela frente no tocante ao uso de novas tecnologias, o que é muito bom. Isso significa que existem provavelmente mais oportunidades que ameaças por vir. A chave para o sucesso é compreender e, principalmente, incorporar rapidamente essas novas tecnologias ao seu negócio. O melhor de tudo é que a maioria delas já está disponível no mercado.

Com tanta coisa nova acontecendo, é importante não perder o foco. Se você atua nesse setor, fique atento às três principais tendências tecnológicas em 2019/2020:

1. Realidades mistas: a Realidade Virtual, a Realidade Aumentada e o uso de vídeos em 360 graus já são tecnologias disponíveis no mercado e, principalmente, economicamente acessíveis. Melhorar a experiência de consumo para os clientes tem se tornado um fator crucial para o sucesso das empresas em diversos setores, incluindo o varejo. No segmento imobiliário não seria diferente.

Com pouquíssimo investimento, empresários do setor podem conseguir uma grande vantagem competitiva, especialmente entre os clientes mais jovens. Aqui, entra um aspecto importante inerente aos novos consumidores das gerações Y e Z – aqueles nascidos a partir dos anos 80. Para eles, o processo de compra está diretamente relacionado a uma percepção de pertencimento e propósito, não importando se estão em busca de um tênis ou de um apartamento para alugar.

É exatamente aí que as realidades mistas podem representar uma excelente oportunidade para reforçar as estratégias comerciais. A Realidade Virtual, por exemplo, pode ajudar a criar situações em que clientes interagem virtualmente com o produto, aumentando não somente a abrangência geográfica de uma promoção comercial, mas também o número de potenciais clientes. Essas novas ferramentas permitem ir mais além do que simplesmente *tours* virtuais. Integrando tecnologias simples (e gratuitas) como Google *Earth* ou *Street View*, é possível oferecer uma interação virtual com todo o ecossistema local do bairro onde o imóvel está localizado.

2. *Marketplaces*: a simples presença digital já não é mais suficiente para o sucesso no setor imobiliário. Ter somente uma página bela na internet é como ter um fantástico hotel em uma ilha paradisíaca, mas que ninguém conhece. Não basta! Plataformas conhecidas como *marketplaces* – especializadas na divulgação de anúncios imobiliários – já estão bastante populares mundo afora. E atenção: Facebook, WeChat e eBay, que a princípio não têm nenhuma relação com o mercado imobiliário, também já partiram nessa direção. Acho que nem preciso citar o gigante indomável e super polêmico Airbnb, né?!

O modelo de negócio de *marketplace* já aconteceu no mercado de automóveis e impactou bastante os negócios das concessionárias e pequenas revendas. Chegou a vez do mercado imobiliário e a tendência é de crescimento exponencial. Exatamente como em outros setores, no final será o consumidor a decidir onde, como e com quem negociar sua próxima casa, deixando no final da operação sua importante (e temida) avaliação on-line.

3. Blockchain: embora seja ainda uma tecnologia considerada nova e pouco utilizada na prática, o blockchain é apontado como uma das soluções que mais irão impactar o setor imobiliário. A tecnologia, que começou a ficar conhecida em função das moedas digitais, como o Bitcoin, vai muito além da sua aplicação no mercado financeiro.

Também conhecido como "protocolo da confiança", o blockchain é uma tecnologia baseada no conceito de registro distribuído e sincronizado em uma rede de computadores com protocolos focados na descentralização como medida de segurança e transparência. Ainda é um pouco difícil de entender, né? Sabe toda aquela burocracia chata de cartórios, certidões, registros, bancos? Esqueça! Mais que facilitar e desburocratizar todo o processo, com o blockchain será possível também mudar a forma de comercialização de um imóvel. Na prática, especialistas estão prevendo que será bem fácil negociar parcialmente os direitos e títulos de propriedade de qualquer imóvel no futuro. "Posso comprar 31,89% do seu apartamento por 18 meses? Sim, claro, aqui vai... como você quer pagar?" E, um ou dois cliques depois, a operação está realizada.

A tecnologia é tão revolucionária e promissora que governos estão iniciando projetos para usá-la como uma espécie de ferramenta contra a corrupção. Os Emirados Árabes Unidos querem ser o primeiro

A CIDADE STARTUP

país com uma gestão pública 100% baseada em blockchain. E olha que eles estão quase lá: Dubai já é considerada uma das cidades mais avançadas do mundo no uso dessa tecnologia.

Poderíamos ainda falar de Inteligência Artificial, análises preditivas, construção com impressoras 3D, *big data* e uma dezena de outras tecnologias que, direta ou indiretamente, irão influenciar o mercado imobiliário. Fica para um outro texto. A dica final é: fique esperto! Esse mercado vai se transformar do dia para a noite, trazendo uma grande onda de comodidade para os consumidores e, principalmente, de *pro$peridade* para os mais antenados. Boa $orte!

Este texto foi originalmente publicado no blog Cidades Mais Inteligentes, de Tilt.

Acesso direto:

Que tal um plano de saúde mais barato e com direito a um Apple Watch novinho?

Cresci intrigado pelo complexo mundo dos seguros. Para mim, sempre foi um setor tradicional, conservador e, até agora, restrito a grandes multinacionais. Há décadas ele tem se mantido estagnado, sem muita novidade. Ainda me lembro dos meus tempos de estudante de administração, quando grandes empresas de seguros abriam inúmeras vagas de estágio para ampliar seus quadros de corretores. Eu pensava comigo mesmo: "obrigado, mas uma carreira monótona e rotineira não é o que estou buscando para meu futuro". Eu estava enganado, e muito!

Há algum tempo venho acompanhando de perto o setor, dentro do universo de cidades inteligentes. O mercado financeiro e a gestão de seguros são duas atividades que serão fortemente impactadas pelas novas tecnologias. **As startups chamadas de *Insurtechs* começam a emergir e são uma grande aposta**. Uma delas, a nova-iorquina Lemonade, recebeu recentemente uma das maiores rodadas de investimento tipo *seed* da história. E olha que eles ainda estão somente no modelo conceitual, ainda não começaram a vender nada!

A CIDADE STARTUP

Em 2015, a empresa de consultoria KPMG já previu que os veículos autônomos, que serão superseguros, irão mudar para sempre o setor de seguros. Partindo da premissa de que esses veículos serão controlados por computadores e não mais por nós, humanos, o índice real de acidentes cairá para perto de zero. A empresa prevê, então, que a venda de seguros automotivos terá uma redução na casa de 60% nos próximos 25 anos. Atualmente, essa modalidade representa cerca de 40% das receitas do setor.

Se considerarmos todos os aspectos da chamada Quarta Revolução Industrial, teremos a real noção do profundo impacto das tecnologias nesse setor. **Mas, acreditem, tecnologias como Inteligência Artificial e Internet das Coisas criarão muito mais oportunidades que ameaças**. Para isso, porém, o setor precisa passar por uma profunda transformação.

Outra empresa líder de mercado em consultoria, a Accenture, revelou dados bem interessantes dessa mudança em seu relatório *Future Workforce Survey* de 2017. Segundo eles, seguradoras mundiais esperam que a Inteligência Artificial (AI) impacte diretamente seus negócios já nos próximos três anos. Três em cada quatro entrevistados acreditam que sua empresa irá automatizar a maioria dos processos com o uso de AI e mais de 60% deles acham que essa será uma transformação completa da empresa, atingindo todos os setores, atividades e serviços ofertados.

Essa revolução já começou. Pelo mundo afora, empresas de seguros estão oferecendo produtos como seguros de vida, de saúde e automobilístico totalmente remodelados pela tecnologia. Para reduzir os riscos e aumentar a previsibilidade, eles estão introduzindo tecnologias como relógios *smart* (como o Apple Watch) para seus clientes, sem custo adicional. É claro que não existe almoço grátis: você usa o relógio durante o dia, que irá monitorar seu nível de exercício e indicadores de saúde. Algoritmos de AI analisam seus números em tempo real, calculando riscos e ajudando na prevenção de potenciais sinistros. Em troca, você tem acesso a apólices mais econômicas. Você toparia?

AI e IoT são aliados para uma vida melhor e mais econômica? Ou invasão profunda da nossa privacidade? Essa é uma pergunta que todos estão se fazendo. No documentário *Fahrenheit 9/11*, o cineasta Michael Moore faz uma crítica a esse modelo. Nos EUA, professores da rede pública foram constritos a usar uma "pulseira *smart*", similar aos relógios inteligentes, para monitorar suas atividades físicas. Essa era a condição para terem direito ao plano de saúde integral. A obesidade naquele país é um problema nacional de saúde pública a ser combatido, mas parece que não ao preço da privacidade. Depois de muita briga e uma longa greve, o projeto foi cancelado.

Todos parecem concordar que essa transformação está melhorando o setor. Para os próximos anos, esperamos novidades disruptivas. Especialistas apontam quatro estratégias nas quais que o setor deverá apostar:

1- Foco no Consumidor: as empresas do setor estarão focadas em criar experiências mais centradas no consumidor. As apólices serão 100% customizadas para cada cliente, que pagará um valor proporcional ao risco real que representa. Atualmente esses cálculos complicados são baseados em dados estatísticos e grupos de riscos.

2- Simplicidade: as novas tecnologias serão intensamente utilizadas para incrementar o processamento das solicitações, aumentar a velocidade e a precisão, principalmente para facilitar os processos de contratação de um seguro. Já é possível ter acesso a essas tecnologias quando se contrata um seguro online, por exemplo, mas as experiências com o uso de aprendizado de máquina e *chatbots* têm sido alvo de críticas. Mas atenção: a aplicação de algoritmos de AI nos EUA, seguindo os modelos financeiros, está criando alguns vieses na definição dos preços. Por exemplo: motoristas brancos, de bairros de classe média e com escores financeiros positivos acabam sendo os mais beneficiados, gerando uma conta maior para os não-brancos (negros, latinos, imigrantes...) com piores indicadores financeiros. Isso não é novidade no setor: a diferença que agora esse processo de exclusão acabou sendo automatizado. Não precisamos mencionar quantas críticas isso tem causado...

3- Parcerias: após um acidente de carro, clientes poderão iniciar os procedimentos via app, atendidos por um *chatbot*, subindo as fotos e detalhes do sinistro, antes mesmo de sair do carro para discutir de quem é a culpa. Sensores e câmeras em ambos os carros do acidente serão analisados em tempo real, com o uso de visão computacional, para definir em frações de segundos as responsabilidades, franquias e prêmios dos envolvidos. E antes mesmo de solicitar qualquer coisa, a parte prejudicada receberá notificações quanto aos seus direitos. Com o uso cada vez mais intenso de *wearables* e sensores, empresas de seguro necessariamente se transformarão em empresas de hardware. A velocidade dessa transformação dependerá da capacidade dessas empresas em estabelecer parcerias de longo prazo. Ainda veremos muitas fusões e aquisições neste setor e muitos investimentos em *startups* e *spinoffs*.

4- Predição: aqui uma das melhores notícias. Uma vez migrando do método tradicional de previsão para a predição, não somente é possível melhorar o gerenciamento do risco, mas também evitar parte dos sinistros, como acidentes de carro, problemas de saúde, incêndios residenciais e muitas outras áreas em que precisamos de seguros. Esse processo somente é possível em função da tecnologia por trás da Internet das Coisas.

Que estamos caminhando para novos tempos, em que a tecnologia nos ajudará a melhorar a qualidade de vida, não tenho dúvida. O maior desafio que temos pela frente será como harmonizar esses sentimentos contraditórios entre transformação digital e opressão tecnológica que crescem em nossa sociedade. Existe sempre um preço para tudo, mas continuo vendo o copo meio cheio.

Este texto foi originalmente publicado no blog Cidades Mais Inteligentes, de Tilt.

Acesso direto:

10 filmes em 4K em 20 minutos: o que muda na sua vida com o 5G

A nova geração da comunicação móvel chegou: seu nome é Tecnologia 5G e está equiparada à Inteligência Artificial como as principais tecnologias que irão revolucionar o mundo. Americanos, europeus e principalmente asiáticos estão na frenética disputa para ver quem sairá na frente. Mas por que a expectativa desta vez está mais elevada que nunca e qual será o impacto dessa tecnologia nas nossas vidas?

Pela primeira vez vamos conseguir igualar ou até ultrapassar a velocidade de transmissão de voz e dados das tecnologias à base de cabos, como a fibra ótica. O 5G será de 10 a 20 vezes mais rápido do que o atual 4G. O resultado é flexibilidade e velocidade nunca vistas antes, potencializando o crescimento da Internet das Coisas. Testes de laboratório já chegaram a velocidades próximas a 4,5 Gb/s. A velocidade atual de download do 4G gira em torno de 10 Mb/s. Você será capaz de baixar cerca de 10 filmes no seu futuro celular 5G no mesmo tempo em que o seu telefone atual baixa meio filme. Isso, claro, se você estiver usando o 4G, porque com o 3G não dá nem para comparar! O impacto em várias indústrias será muito grande e vai muito além dos nossos celulares.

As principais vantagens tecnológicas do 5G não param no *smartphone*. Das aplicações em domótica (automação residencial) a

A CIDADE STARTUP

carros autônomos, todos os dispositivos conectados à internet poderão falar uns com os outros em velocidades extremamente rápidas e com latência reduzida (o tempo que um pacote de dados leva de um ponto a outro). A tecnologia já nasce desenhada para aplicações como Realidade Virtual e Aumentada, jogos imersivos e toda a gama de dispositivos de IoT. Mas existem ainda alguns empecilhos.

O 5G foi projetado para operar em espectro de baixa frequência entre 600 MHz e 700 MHz, médio alcance com 3,5 GHz e na alta frequência na faixa de 60 GHz. Diferente do 4G, a nova tecnologia permitirá conectar muito mais dispositivos a uma mesma antena, com mais velocidade e precisão na troca de dados. Na prática, isso significa que toda uma nova infraestrutura de antenas e repetidoras deverá ser instalada, não somente nas ruas, mas também dentro das casas. Como o 5G usa altas frequências e ondas mais curtas, os aparelhos atuais não funcionarão em 5G. Felizmente, as redes 3G e 4G ainda continuarão disponíveis em paralelo à 5G por muito tempo.

Testes com a nova tecnologia começaram usando grandes eventos, como a Copa do Mundo da Rússia e as Olimpíadas de Inverno, como pilotos. Os primeiros dispositivos 5G em escala industrial para o consumidor final devem chegar ao mercado no final de 2019. Os *hotspots* serão os primeiros a serem comercializados. Já os telefones celulares são esperados para 2020. E sabe quem será provavelmente a primeira empresa a lançar o seu? Nossa velha conhecida Motorola, que no passado chegou a ser uma das líderes do mercado e quase quebrou com a chegada dos *smartphones*. Ela anunciou o modelo Moto Z3 5G, que será oferecido nos EUA com exclusividade pela operadora Verizon, inicialmente por US$ 480.

A Europa, em paralelo, segue na corrida pelo 5G e o rico principado de San Marino já fechou contrato com a TIM para implantar toda a rede no país. Segundo a Comissão Europeia, a implantação da tecnologia 5G na região tem um valor estimado em 57 bilhões de euros e promessa de 2,3 milhões de novos empregos criados até 2020.

No Brasil também estamos andando na direção do 5G: a Anatel já desenvolve os estudos técnicos para a implementação da nova rede. Atualmente o órgão está definindo a frequência para o 5G operar no país, mas ainda é necessário estudar as potenciais interferências que a tecnologia poderá causar em outros serviços – o que pode ser um longo e burocrático caminho.

Em nossas cidades, as tecnologias estão avançando bem mais rápido que a nossa capacidade de planejar, executar e, principalmente, regulamentar. Isso no mundo inteiro. É um desafio que faz parte desse mundo acelerado e dinâmico em que vivemos.

Este texto foi originalmente publicado no blog Cidades Mais Inteligentes, de Tilt.

Acesso direto:

A CIDADE STARTUP

Data Lake o quê? Conheça a startup brasileira que já é referência na Europa

7 ENERGIA LIMPA E ACESSÍVEL **8** TRABALHO DECENTE E CRESCIMENTO ECONÔMICO **9** INDÚSTRIA, INOVAÇÃO E INFRAESTRUTURA **11** CIDADES E COMUNIDADES SUSTENTÁVEIS

     O dicionário do "informatiquês" não para de crescer. Estamos entrando na era dos *Data Lakes*, ou lagos de dados. Conhece? A definição técnica deste conceito é um sistema ou repositório de dados armazenados em formato natural e direto das fontes originais, incluindo dados estruturados de bancos de dados relacionais (como aqueles divididos em linhas e colunas), dados semiestruturados (como arquivos CSV e JSON), dados não estruturados (e-mails, documentos, PDFs) e até dados binários, como imagens, arquivos de áudio e vídeos.

     Se comparado a um banco de dados normal, a vantagem do *Data Lake* é a possibilidade de colocar ali qualquer tipo de dado, em qualquer formato ou estrutura, para ser facilmente visualizado e, principalmente, analisado em conjunto. Isso significa levar a inteligência empresarial a outro nível. No caso das cidades, pela primeira vez podemos falar de uma real inteligência urbana, com a possibilidade de cruzamento de dados em tempo real sobre serviços públicos, transportes, sensores e todo e qualquer tipo de dado gerado na cidade. Fantástico, não?

     Prefiro, entretanto, fazer a analogia desse sistema com um aquário, em vez de um lago. O aquário é a reprodução de um ecossistema, mas com o grande benefício da total visualização e manipulação dele. Assim é o *Data Lake*. Os dados estão ali todos reunidos, não importa de onde vieram, com um fácil acesso e incrível possibilidade de visualização. Mais fácil de entender, não?

Para quem duvida do potencial tupiniquim nessa área, há uma startup 100% made in Brazil responsável por um dos projetos para cidades inteligentes, baseado em Data Lake, mais importantes da Europa. Conheci o Marcos Marconi, CEO da *startup* VM9 do Rio de Janeiro, em Viena. Marcos me levou até o vibrante distrito de Simmering, onde pude ver a aplicabilidade do *Data Lake* na prática, em uma plataforma de cidades inteligentes. Também visitamos um projeto de MaaS (mobilidade como serviço), uma tendência mundial que vamos discutir ainda neste capítulo.

A empresa desenvolveu a plataforma Smart Data Wien, onde é possível acessar todos os dados das cidades, das câmeras ao transporte público, das bicicletas de aluguel aos dados de consumo energético dos prédios da cidade. Durante o evento ICT 2018, que aconteceu em Viena, os dados da plataforma brasileira foram usados no Hackathon para a criação de um aplicativo em 48h para os cidadãos. O concurso foi promovido pela Fiware, uma plataforma criada pela União Europeia para o desenvolvimento e a implementação de aplicações globais para a internet.

Confira abaixo o vídeo especial em Realidade Virtual que preparei especialmente para você entrar nesse novo mundo e entender melhor o conceito de *Data Lake* e como ele pode ser utilizado para criar cidades mais inteligentes. Espero que gostem!

Este texto foi originalmente publicado no blog Cidades Mais Inteligentes, de Tilt.

Acesso direto:

A CIDADE STARTUP

A batalha do Incrível Hulk de brócolis X o Iron Man de tomates frescos

Recentemente estive em Toulouse, na França, participando de um dos mais importantes e aguardados eventos de tecnologia da Europa: o EmTech. Organizado pelo Massachusetts Institute of Technology (MIT), o evento acontece anualmente em quatro edições: Europa, Ásia, América do Sul, e claro, nos Estados Unidos. Nesses eventos, pesquisadores da instituição e convidados dos centros de pesquisas parceiros divulgam os resultados de seus estudos e seus novos produtos conceituais.

Entre as diversas empresas que se apresentaram, uma que chamou bastante a atenção da audiência foi a Natural Machines, de Barcelona. A *startup* espanhola apresentou uma impressora 3D para alimentos batizada de Foodini. O interessante na apresentação do *pitch* do produto foi exatamente a tentativa da cofundadora da empresa, a americana Lynette Kucsma, de desconstruir a primeira impressão negativa do conceito de impressão 3D de comida.

Você experimentaria um alimento que foi "produzido" em uma impressora? A primeira resposta da maioria das pessoas seria não. Mas se pararmos para pensar, a maioria dos alimentos processados que encontramos à venda nos supermercados foi produzida seguindo processos bem parecidos. Pense na fabricação de um biscoito, de uma barra de cereal ou de um macarrão. Todos esses produtos iniciam pela etapa de mistura dos ingredientes e logo depois passam por um processo de extrusão, no qual são moldados por pressão, para depois serem assados ou pré-cozidos e, por fim, embalados.

A impressora, nesse caso, atua exatamente no processo de moldar ingredientes frescos usando cápsulas recarregáveis, que seriam como os cartuchos de tinta de uma impressora normal. Para ficar mais fácil de entender, sabe o processo para fazer biscoito caseiro ou confeitar bolos no qual sua avó usava aqueles sacos triangulares com diversos tipos de bicos diferentes? É algo parecido. Fiz um vídeo durante um bate-papo com Enric Masdeu, o engenheiro de software responsável técnico do projeto, antes deles subirem no palco. Confira!

A máquina é relativamente simples. Trabalhando conectada à internet, conta com cinco cápsulas de impressão que carregam diversos tipos de alimentos. Na demonstração, a Foodini usou duas iguarias muito apreciadas na Europa: a mexicana guacamole (uma espécie de purê de abacate) e o árabe húmus (uma pasta de grão-de-bico). Mas, segundo a empresa, é possível trabalhar com ingredientes de várias texturas, não necessariamente em forma pastosa. Uma vez carregadas as cápsulas, é só escolher o desenho a ser impresso.

A empresa conta com uma loja de receitas onde se podem encontrar vários designs já elaborados. O módulo de impressão e a escolha do desenho podem ser acessados pelo app ou pelo painel *touchscreen* do equipamento. Igualzinho à impressora jato de tinta de casa.

Mas existe mercado para isso? A resposta é sim! Tem, e muito! Depois de desmistificar o conceito da impressão de comida, Lynette começou a explicar a motivação da sua ideia. E faz muito sentido. O primeiro mercado em que a empresa está atuando é o de restaurantes *gourmet*. A vantagem para os *chefs* é a possibilidade da personalização de pratos usando a criatividade mais do que nunca, uma vez que a impressora consegue fazer, com grande produtividade, *designs* complexos que seriam quase impossíveis de reproduzir à mão livre.

Pratos assinados por grandes chefes usando impressão 3D. Agora ficou bom, não é? Mas não acaba aí. O principal argumento do produto é que nos alimentamos usando vários sentidos e não somente o olfato ou paladar. Na verdade, a visão tem um papel muito importante no processo de alimentação, já que ela é o primeiro sentido que usamos antes de comer.

Pensando nisso, a empresa está trabalhando em projetos especiais para hospitais. Pacientes com restrições alimentares acabam tendo muito pouca opção nos tipos de alimentos que podem comer. Então, na maioria das vezes, as refeições são pastosas e com poucas variações. A perda de apetite desses pacientes acaba dificultando sua reabilitação mais rápida. A ideia de usar as impressoras para dar uma nova cara à mundialmente temida "comida de hospital" é brilhante! E o melhor é que, com o equipamento, é possível customizar à vontade a apresentação das refeições, sem a necessidade de *chefs* para isso, de forma automatizada e sistemática. Muito bacana, não acha?

O conceito funciona também com as crianças, que acabam não comendo certos tipos de alimentos, principalmente verduras, por conta da percepção negativa que têm deles. Imagine então a gamificação da comida — um purê de abóbora ou cenoura em forma de Peppa Pig ou uma empolgante batalha do Incrível Hulk, de brócolis processado, contra o Homem de Ferro, de tomates frescos picadinhos! Sem dúvida, seria um grande aliado na guerra diária que travamos com nossos filhos por uma alimentação mais saudável. E nem demora muito: uma escultura mais elaborada de chocolate, por exemplo, leva em torno de 20 minutos para ficar pronta. Se for somente um prato decorado de guacamole ou húmus, como vimos no vídeo, ou o nosso Hulk de brócolis, em cinco minutos você já tem a impressão finalizada.

A empresa agora está trabalhando em uma versão de impressora que possa também cozinhar os alimentos depois da impressão, o que vai dar ainda mais utilidade e versatilidade ao equipamento. O valor do produto é ainda um pouco salgado para o uso doméstico: em torno de US$ 4.000. Mas a ideia da Natural Machines é que muito em breve já esteja nas prateleiras das lojas com um preço bem mais simpático a todos os bolsos.

Podemos dizer então que, num futuro não muito longínquo, iremos encontrar também impressoras 3D na lista de eletrodomésticos para cozinha. No melhor estilo Casa do Futuro, como no desenho dos Jetsons (lembra?).

Este texto foi originalmente publicado no blog Cidades Mais Inteligentes, de Tilt.

Acesso direto:

A CIDADE STARTUP

DecorTech: como a tecnologia é usada para turbinar a decoração da sua casa

Um bom termômetro de mercado para analisar a recuperação de uma economia é, sem dúvida, o mercado da construção. Essa é sempre a minha primeira "análise" quando visito uma cidade pela primeira vez. Vou contando as gruas e construções no percurso do aeroporto ao hotel e bingo! Já dá para ter uma pequena ideia de como as coisas vão por ali.

Hoje, vamos discutir o que está acontecendo em uma das pontas dessa indústria: a arquitetura e decoração. Se por um lado a construção civil está se reinventando para atender esse mercado, por outro, o setor de decoração está tendo de pensar fora da caixa para acompanhar e, principalmente, monetizar com essa tendência.

A tendência das casas compartilhadas, carro-chefe da bilionária *startup* Airbnb, está se multiplicando rapidamente. Nos Estados Unidos e Europa, o compartilhamento de casas para moradia está ficando cada vez mais popular. Esse movimento vai além de uma possível economia de dinheiro, tem um caráter de socialização e já virou um estilo de vida em muitas cidades.

Toda essa mudança está influenciando diretamente a forma como equipamos e decoramos nossas casas. A empresa HomeShare utiliza o conceito de partições para converter salas de estar em quartos de luxo, o que permite que os locatários economizem de 30% a 40% em relação ao custo de um quarto equivalente. Há também empresas que ajudam os locatários a dividir os quartos instalando "*sleeping pods*", como fazem Haas Living e PodShare, ou usando as nossas conhecidas beliches, como faz o Rentashare. Ainda nessa mesma ótica de compartilhar espaços, a Everblock oferece literalmente um "lego gigante" que permite a construção de paredes temporárias facilmente.

Como em outros setores tradicionais, *startups* estão causando uma grande disrupção no mercado de decoração. O legal é que esse movimento está apenas no início e ainda tem muito espaço para crescer. Sobretudo no Brasil, onde a recessão dos últimos cinco anos praticamente congelou o mercado da construção e, por consequência, impactou toda a indústria.

Daqui em diante, tudo será uma novidade. No caso do setor de decoração, é muito importante entender as tendências mundiais que estão influenciando o setor da construção civil e as tecnologias que estão sendo desenvolvidas.

Pequeno, modular e bem conectado: esses três adjetivos ilustram bem a tendência das novas construções, especialmente nas grandes cidades. As chamadas microunidades já são bastante populares em regiões com alta densidade demográfica, como Nova York e Londres. Esses "microestúdios" são de 30% a 50% menores do que as nossas conhecidas quitinetes e geralmente estão em bairros com fácil acesso ao transporte público, reduzindo, assim, a necessidade de vagas para veículos. Isso baixa não só o custo da construção, mas também o valor de compra e/ou do aluguel. Em média, essas unidades custam de 30% a 40% menos que uma quitinete no mesmo bairro.

Como encontrar essas áreas disponíveis para construção no centro das grandes cidades acaba sendo uma missão quase impossível. A *startup* de Chicago Brownfiled Listing criou uma plataforma (estilo *marketplace*) para relacionar os possíveis imóveis disponíveis para conversão em unidades habitacionais. Conhecidos como *lofts*, os apartamentos, que já são muito populares no Vale do Silício e agora estão ganhando o mundo, são antigas oficinas mecânicas, garagens, galpões industriais, armazéns, fábricas etc. que possuem cômodos totalmente integrados, com exceção do banheiro, além de instalações aparentes.

Já existem diversas *startups* focadas nos pequenos imóveis. A Blokable, canadense de Vancouver que já levantou mais de US$ 6 milhões em investimentos, por exemplo, fez um projeto bem

A CIDADE STARTUP

interessante em parceria com uma igreja Luterana em Seattle, nos Estados Unidos, para promover seu revolucionário modelo, tipo lego, de construção em blocos.

Uma das minhas preferidas é a Bumblebee Spaces. Criada em 2017, em São Francisco, tem como proposta utilizar robôs inteligentes e Inteligência Artificial para aumentar a área útil e reduzir o espaço de armazenamento, gerenciando objetos sob demanda no teto da sua casa. Louco, não? Já a Ori Systems teve um vídeo que viralizou nas redes sociais com seu mobiliário robótico que se move, criando vários ambientes em um microlocal. A lista de empresas inovadoras no segmento de decoração não termina aqui. Eu poderia escrever linhas e mais linhas falando delas.

Por último, é importante atentar a um novo conceito que estamos chamando de Inteligência de Bairro. Aqui entra, mais uma vez, um fator importante inerente aos novos consumidores das gerações Y e Z, nascidos a partir dos anos 80. Para eles, a vizinhança é tão ou até mais importante que a casa em si. Todas as tecnologias relacionadas à geolocalização, mapas e plataformas digitais de serviços e entretenimentos estarão cada vez mais presentes no universo do mercado imobiliário.

O universo da arquitetura e decoração era um mundo no qual, até pouco tempo atrás, a criatividade e o espírito artístico eram os grandes fatores de sucesso. A tecnologia, como em outras indústrias, passa agora a também ter um papel central nas vidas desses profissionais. O que pode ser visto por alguns como uma grande ameaça, para mim é a grande oportunidade do século para o setor. Podemos contar nos dedos os arquitetos e decoradores brasileiros que atualmente têm renome mundial. Com essa mudança, a probabilidade de vermos *startups* tupiniquins globais aumenta infinitamente. Que venha então a era da decoração 4.0. Estamos prontos para brilhar!

Este texto foi originalmente publicado no blog Cidades Mais Inteligentes, de Tilt.

Acesso direto:

E se o nosso presidente fosse um robô com Inteligência Artificial?

8 TRABALHO DECENTE E CRESCIMENTO ECONÔMICO   **9** INDÚSTRIA, INOVAÇÃO E INFRAESTRUTURA   **11** CIDADES E COMUNIDADES SUSTENTÁVEIS   **16** PAZ, JUSTIÇA E INSTITUIÇÕES EFICAZES

Era novembro de 2016. Auditório lotado de políticos e agentes públicos em Bucareste, a vibrante capital da Romênia. Todos discutindo novas tecnologias e o palestrante faz essa provocação: e se substituíssemos o prefeito da cidade por um algoritmo de Inteligência Artificial (AI)? Nem preciso dizer a polêmica que a pergunta causou no público, certo? Alguns, como o próprio prefeito do sexto distrito de Bucareste, que foi o próximo a subir ao palco, chegaram a tomar a provocação como uma ofensa pessoal. No final, foi um exercício bem interessante. Seria possível?

É exatamente o desconhecimento sobre os benefícios e ameaças por trás do que chamamos Inteligência Artificial que cria esse sentimento de "fim do mundo" em algumas pessoas. Dos filmes catastróficos como *Exterminador do Futuro* aos humanoides exóticos, como a adorável Sophia, há pelo menos uma verdade com que todos concordam: a tecnologia já é uma realidade e veio para ficar.

Até as Nações Unidas estão interessadas no tema e monitorando os avanços da tecnologia por meio de um projeto chamado AI4Good (Inteligência Artificial para o bem), do qual já falamos. O principal argumento é tentar evitar que a IA siga a mesma direção que a energia nuclear, que inicialmente era anunciada como a grande solução mundial para democratizar o acesso à energia. No final, serão vocês a decidir se podemos ou não substituir nossos políticos por AI ;)

Para começar, tanto o termo "Inteligência Artificial" quanto o estudo da tecnologia não são novos. O conceito foi desenvolvido pela primeira vez em 1956 pelo cientista John McCarthy. O termo proposto pelo grupo de estudo era "máquinas pensantes", mas no final optou-se por AI para facilitar o entendimento. Tanto o dicionário britânico Oxford Living quanto o nosso Aurélio definem Inteligência Artificial como "a teoria e o desenvolvimento de sistemas computacionais capazes de executar tarefas que normalmente exigem inteligência humana, como percepção visual, reconhecimento de fala, tomada de decisão e tradução entre idiomas" e "Mecanismo, software ou outro artefato produzido pelo homem que exibe uma inteligência similar à humana."

Logo, teoricamente, pela própria definição, poderíamos sim substituir algumas (ou talvez muitas) tarefas humanas pela AI. E isso assusta bastante gente! Será que essas máquinas pensantes irão acabar com os empregos no mundo, incluindo o do seu prefeito? Muitos estudiosos acreditam que não – ao contrário, para eles a tecnologia criará novas oportunidades. Segundo a consultoria Gartner, os negócios relacionados à AI atingirão o valor de US$ 3,9 trilhões em 2022.

Ainda de acordo com o relatório da Gartner, a Inteligência Artificial gera valor de três formas: novos produtos ou serviços; experiência do consumidor, com os *chatbots*; e redução de custos na produção e entrega de produtos e serviços. Na maioria dos cenários, segundo eles, a adoção da AI acaba gerando mais empregos. Na verdade, tivemos o mesmo efeito depois da Revolução Industrial: a força motriz substituiu a humana em muitas tarefas, mas o resultado final foi o crescimento econômico mundial e a geração de toda uma nova tipologia de atividades.

Parece consenso entre as grandes consultorias que a IA não somente irá influenciar o mundo dos negócios, mas transformar toda a economia mundial. A consultoria PwC estima que em 2030 esse mercado irá movimentar US$ 15,7 trilhões globalmente. De acordo com este estudo, a China será a maior beneficiada, com um incremento de 26% no seu PIB, quase o dobro dos Estados Unidos (14,5% do PIB).

Para as nossas cidades, de todas as áreas alavancadas pela AI, a mobilidade urbana será uma das mais privilegiadas. O sonho, que hoje parece quase utópico, dos veículos 100% autônomos será, enfim, viável.

A IHS Markit, uma das líderes de mercado em informação nesse segmento, prevê que já em 2021 teremos mais de 50 mil veículos autônomos rodando pelo mundo. E esse número deverá aumentar para incríveis 33 milhões de unidades em 2040, o que representará 26% da frota mundial.

E para aqueles que pensam que isso é coisa do futuro, empresas como a Nvidia e a Alphabet (Google) já têm algoritmos de AI rodando em veículos 100% autônomos. A Waymo, outra empresa pertencente ao Google, já acumula mais de 12 milhões de quilômetros rodados em testes de carros autônomos desde 2015. A Uber também está nessa corrida, com quase 5 milhões de quilômetros e um acidente mortal no currículo. Além deles, até a Tesla e outras montadoras completam esse cenário disruptivo de AI aplicada à mobilidade. Muita polêmica aqui também...

O avanço da Inteligência Artificial em outros setores já é bastante notável. Na área financeira, por exemplo, as transações nas Bolsas de Valores já acontecem quase 100% via AI. A imagem de um corretor de Wall Street sentado na frente de três monitores e com dois telefones na mão gritando "Compra! Vende!" já é coisa do passado. As operações são analisadas e processadas automaticamente por algoritmos. O corretor está ali basicamente para ligar e desligar o computador. Neste caso, a AI não é somente utilizada para executar mais rapidamente análises e cálculos, mas, principalmente, para fazer previsões. Essa habilidade de "prever o futuro" é chamada pelos especialistas de predição.

E a Inteligência Artificial assusta mesmo! Na Coreia do Sul e nos Estados Unidos, empresas estão desenvolvendo algoritmos que combinam a análise em tempo real de imagens de câmeras de ruas, cruzando informações com dados estatísticos históricos e atividades em redes sociais para prever (ou melhor, predizer) quando um crime vai acontecer. Bem ao estilo do filme *Minority Report*, lá de 2002, lembra? E olha que no filme, que mostrava o mundo em 2054, a solução de predição vinha de três videntes e não de uma máquina!

E aí? O que você acha da ideia de substituir nossos políticos por máquinas que pensam? É importante lembrar que emoções e sentimentos não podem ainda, e provavelmente nunca poderão, ser criados ou intuídos por um algoritmo. Nesse caso então, o importante é entender o quanto uma função hoje realizada por humanos depende simplesmente da lógica. O que podemos afirmar com certeza é que os veículos oficiais que transportam nossos representantes, em um futuro bem próximo, já não terão mais motoristas. Então, se você está

A CIDADE STARTUP

pensando em fazer concurso público para motorista da prefeitura da sua cidade, melhor repensar seus planos.

Este texto foi originalmente publicado no blog Cidades Mais Inteligentes, de Tilt.

Acesso direto:

A casa inteligente já existe e pode vir do Rio Grande do Sul

6 ÁGUA POTÁVEL E SANEAMENTO   **7** ENERGIA LIMPA E ACESSÍVEL   **9** INDÚSTRIA, INOVAÇÃO E INFRAESTRUTURA   **11** CIDADES E COMUNIDADES SUSTENTÁVEIS   **12** CONSUMO E PRODUÇÃO RESPONSÁVEIS

Chegar em casa em um carro voador, encontrar tudo organizado, limpo e a mesa preparada para o jantar, tudo feito por uma empregada robô, era o sonho de consumo "do futuro" de quase todos da minha geração. Os Jetsons foi o desenho animado mais emblemático da minha infância e ilustrava bem o quão mais fácil e conveniente poderia ser o futuro. E nós sonhávamos acordados com isso.

A boa notícia é que esse futuro está mais próximo do que nunca: os carros voadores já estão sendo testados ao redor do mundo, com destaque para o projeto Vahana, da aceleradora de *startups* A3, da Airbus, localizada no coração do Vale do Silício. Mas o nosso tema aqui é a casa do futuro.

Temos discutido muito sobre cidades inteligentes, lugares onde vivem os cidadãos inteligentes. Então não poderíamos deixar de falar sobre as casas inteligentes. Daqueles sonhos inocentes inspirados nos Jetsons aos filmes de ficção de Hollywood, o mercado evoluiu muito nos últimos anos. Em 2016, tive a oportunidade de visitar os *showrooms* conceituais da Sony e da Panasonic em Tóquio e o da Samsung em Seul, que iam muito além de expor eletrodomésticos de última geração. Eles já antecipavam o conceito da casa conectada.

A CIDADE STARTUP

A chamada domótica, ou automação residencial, tem se popularizado muito rápido nos últimos anos. A mesma revolução de conectividade e da Internet das Coisas (IoT) que estamos presenciando em nossas cidades também está acontecendo dentro das residências. E vai muito além de acender e apagar uma lâmpada usando o celular. A verdadeira revolução está no maior controle do consumo das *utilities* (luz, água, gás) e, por consequência, o grande potencial de economia que isso gera. Estima-se que seja possível economizar perto de 50% em energia em uma casa automatizada, somente com uma melhor gestão dos recursos energéticos.

Para aqueles menos céticos, que não se deixam levar pelo pensamento de que isso é coisa para gringo e que nunca vai chegar no Brasil, aqui vai a recompensa: YES WE CAN! A domótica não só já chegou ao Brasil, como temos empresas locais desenvolvendo tecnologia de ponta.

Recentemente, conheci uma *startup* gaúcha chamada Beyond que realmente me impressionou. A empresa foi criada em 2013 por dois engenheiros, colegas de universidade, Felipe Delvan e Sergio Venero. O mais bacana do projeto é que eles desenvolveram não somente a inteligência por trás do app de automação residencial, mas também todo o hardware.

O sucesso da solução da empresa está na simplicidade do produto. O conceito é fácil: quer automatizar a sua casa e passar a ter controle total sobre TUDO? Basta substituir os interruptores e tomadas tradicionais pela tecnologia da empresa e pronto! Simples assim. Eles conseguiram reduzir e embarcar toda a tecnologia de telegestão residencial dentro de pequenos circuitos, evitando assim a necessidade da instalação de centrais de controle. O sistema é capaz de controlar todas as luzes da casa e monitorar o consumo em tempo real dos eletrodomésticos. Além disso, por meio dos módulos de infravermelho e de radiofrequência, você consegue controlar a televisão, *home theater*, ar condicionado, cortinas elétricas e qualquer aparelho da casa que tenha um controle remoto.

Além de funcional, o produto ainda tem um *design* moderno, lembrando um produto Italiano, mas com alma e corpo 100% nacionais. Em uma conversa rápida com o time da *startup*, soube que eles já passaram de 2.000 produtos instalados no Brasil, com uma média de quatro produtos por cliente. E já estão começando sua estratégia de globalização: Estados Unidos e os mercados europeus são os primeiros da lista.

Segundo o engenheiro Felipe, o desafio da empresa agora no Brasil está no desenvolvimento de produtos mais populares para casas do programa Minha Casa, Minha Vida, visando democratizar o conceito de casa do futuro. O objetivo não é oferecer somente mais comodidade, mas principalmente ajudar as famílias de baixa renda a otimizar seus consumos. Imagina a casa avisando que seu filho está usando o chuveiro elétrico por mais tempo que deveria.

E os casos nacionais não param por aqui não! Em 2015, conheci a Smart Eco House, primeira casa inteligente da América Latina. Além de inteligente, a casa também foi construída para ser sustentável e autossuficiente na geração de energia, capaz de operar 100% *off grid* (desligada da rede). Para testar a real funcionalidade da casa, João e sua família (os Jetsons brasileiros) já moram na casa do futuro desde aquela época.

Também quer ter uma casa do futuro? Não se preocupe, a realização desse sonho está mais perto do que você imagina! Pode até não parecer, principalmente com todo o cenário econômico e político que nos cerca, mas estamos avançando rapidamente. Muito orgulho de ser brasileiro!

Este texto foi originalmente publicado no blog Cidades Mais Inteligentes, de Tilt.

Acesso direto:

4

RESOLVENDO PROBLEMAS URBANOS

A CIDADE **STARTUP**

A CIDADE STARTUP

Resolvendo Problemas Urbanos

No Brasil, cerca de 90% da população vive em regiões urbanas. Na Índia, nos próximos 10 a 20 anos haverá uma migração de cerca de 300 milhões de pessoas das áreas rurais para as cidades. Nós que trabalhamos com projetos de Cidades Mais Inteligentes sabemos que o processo de criação e disseminação de ideias está diretamente ligado à urbanização. Ambientes com mais pessoas são mais efervescentes, geram mais ideias e são mais dinâmicos.

Esses mesmos lugares, porém, são fontes de grandes problemas. Trânsito caótico. Poluição sonora, visual e atmosférica. Dificuldade de locomoção. Falta de oportunidades de emprego para todos. Alto custo de vida. Para cada um desses problemas, porém, existem diversas soluções. Cidades em todos os cantos do mundo vivem esses desafios e estão encontrando alternativas para oferecer aos cidadãos melhores condições de vida.

E isso está na base do que é uma *Smart City*: um agrupamento urbano que desenvolve soluções que melhoram a qualidade de vida de quem mora ali. Com frequência, encontrar essas soluções exige repensar a vida nesses locais, entendendo que as condições que geraram os problemas atuais não são impedimentos para que respostas sejam encontradas. Não é porque o trânsito de São Paulo ou do Rio de Janeiro é caótico que não seja possível aliviar a situação. E nem sempre a solução é a mais óbvia.

Neste capítulo, veremos como diversas cidades no mundo estão superando seus dilemas e oferecendo melhor qualidade de vida à sua população. De Talinn, na Estônia, ao Rio de Janeiro, passando por Los Angeles, Nova York, China, Dubai, Barcelona e muitos outros lugares do mundo, quando o ser humano se dedica a encontrar soluções inovadoras para seus problemas, o resultado aparece. Vale a pena conferir e pensar em como aplicar esses conceitos à sua própria cidade.

Você acha que o nosso trânsito é caótico? Relaxe, você ainda não viu nada!

Istambul, uma metrópole de quase 200 km de extensão que divide os continentes europeu e asiático, tem um dos piores trânsitos do mundo. Estima-se que os residentes gastem em média 50% mais tempo que o normal no deslocamento nos longos engarrafamentos diários, perdendo somente para a Cidade do México (59%) e Bangkok (57%). Nós, no Brasil, não estamos tão longe. Nosso querido (e sofrido) Rio de Janeiro também se destaca neste ranking, com 47% de tempo adicional perdido, seguido por Salvador e Recife, com 43%, segundo relatório de 2016 da Merrill Lynch. Confesso que senti falta de São Paulo, Mumbai e Nova Deli, na Índia, e de Dhaka, capital de Bangladesh, no mapa global, mas já dá para perceber que o caos no trânsito urbano não é um problema exclusivo das cidades tupiniquins.

Aproveitamos a passagem por Istambul e fomos visitar o Centro de Controle de Transporte Urbano da prefeitura da cidade, que faz parte de um *hub* de quatro centros de controle pertencentes ao município. Istambul conta com quase 2.000 câmeras de trânsito e impressionantes 6.000 câmeras dentro dos veículos de transporte público: ônibus, vans e táxis. Um verdadeiro Big Brother da mobilidade urbana.

O mais legal é que a tecnologia foi 100% desenvolvida (tanto hardware quanto software) pela empresa de tecnologia do município, a

A CIDADE STARTUP

ISBAK. Um modelo de empresa pública, mas com fins lucrativos, que pode vender suas soluções de sucesso e está cada vez mais popular. Imagine só se nossas cidades no Brasil pudessem também vender suas boas práticas e ideias! Teríamos, provavelmente, funcionários públicos supermotivados, trabalhando em ambientes no modelo *startup* e, melhor, comissionados e com participação nos lucros. Será que funcionaria no Brasil?

Assista o vídeo 360º exclusivo que fiz "infiltrado" no coração do Centro de Controle de Istambul. Um passeio inspirador e que pode servir de *benchmark* para prefeituras de todo o mundo

Este texto foi originalmente publicado no blog Cidades Mais Inteligentes, de Tilt.

Acesso direto:

Venda seu carro enquanto é tempo: a MaaS está chegando

7 ENERGIA LIMPA E ACESSÍVEL **9** INDÚSTRIA, INOVAÇÃO E INFRAESTRUTURA **11** CIDADES E COMUNIDADES SUSTENTÁVEIS **13** AÇÃO CONTRA A MUDANÇA GLOBAL DO CLIMA

Hoje me lembrei com muita nostalgia do dia 9 de novembro de 1991. Foi o dia mais longo da história! Pelo menos da minha história. Aquelas 24 horas que antecederam meus 18 anos foram longas, muito longas. A ansiedade de chegar à maioridade, no meu caso, tinha somente uma causa: receber minha carteira de motorista e sair pelo mundo dirigindo meu primeiro carro. Ah, se eu soubesse do futuro! Minha vida teria sido bem mais tranquila.

O modelo urbano baseado no transporte individual por carros está totalmente errado. Relembrando alguns números que comprovam a ineficiência desse modelo: atualmente temos mais de 1,4 bilhão de carros circulando pelo nosso planeta. Um carro transporta, na média mundial, 1,7 pessoa por ano, mas fica estacionado 80% de toda a sua vida útil e, ainda pior, ocupa 50m^2 de nosso espaço urbano (somente considerando a necessidade de estacionamento em casa e no trabalho). Se incluirmos as ruas, pontes, viadutos e túneis, a área necessária para a mobilidade motorizada ocupa em média 50% de todo o território urbanizado de uma cidade!

E ainda piora: 30% do trânsito no centro das nossas cidades são causados por pessoas procurando vagas para estacionar. Além disso, 25% da poluição das nossas áreas urbanas são consequência do nosso modelo de mobilidade à combustão, cujos protagonistas são eles mesmos: nossos queridos, amados e muitas vezes idolatrados carros.

A CIDADE STARTUP

Diante de todos esses fatos, fica claro que tudo vai mudar, certo? Na incansável luta por criar cidades mais inteligentes, duas previsões já podem ser consideradas irreversíveis:

1. Nossa matriz de mobilidade urbana vai, sim, migrar 99% para além dos combustíveis fósseis, principalmente à base de energia elétrica.
2. O conceito da propriedade, no que toca à mobilidade, vai mudar radicalmente: não compraremos mais carros, mas sim o serviço de deslocamento do ponto A ao ponto B. É o que chamamos de MaaS – *Mobility as a Service* – ou mobilidade como serviço.

Com todo o avanço que vemos no setor, poderia até arriscar que no futuro será mais difícil obter uma carteira de motorista do que um brevê de piloto de avião. Os veículos elétricos e autônomos já são uma realidade em nossas cidades. E entre carros, bicicletas, patinetes, acertos e erros fatais, eles estão evoluindo.

Você corre o risco de não poder mais dirigir, mas que os veículos em que você andará serão fantásticos, isso posso afirmar sem medo de errar. Se você não teve a oportunidade de dirigir um Tesla, patinetes e bicicletas elétricas já estão ao alcance de todos nas principais cidades mundiais, incluindo São Paulo.

O mercado chinês, atualmente o maior do mundo na indústria automobilística, é um bom termômetro para entender essas tendências. Baseado em um estudo da Associação Chinesa de Montadoras de Veículos (CAAM), o que chamamos de mobilidade pessoal (tudo que você pode comprar e colocar na sua garagem) representa atualmente 38% do total da mobilidade na China. O transporte público ainda tem o maior percentual, com 49%, e a chamada mobilidade compartilhada já representa 13%, o que é impressionante.

Mas as projeções para o futuro no país vermelho ilustram bem o que vem por aí. A mobilidade pessoal cairá de 38% para apenas 5%. O transporte público recuará para 30% e a mobilidade compartilhada representará 65%. Só para ter uma ideia do tamanho desse mercado, estima-se que já em 2020 a China terá um mercado doméstico de mais de 200 milhões de veículos.

Segundo o último relatório da gigante Intel junto com a empresa de consultoria Strategy Analytics, a MaaS, combinada com Inteligência

Artificial (AI) para veículos autônomos, vai resultar em um mercado de US$ 7 trilhões: US$ 3,7 trilhões para o transporte de pessoas, US$ 3,2 trilhões para movimentar produtos e um mercado de mais de US$ 200 bilhões para pequenos negócios, como restaurantes.

E não se iluda: todo esse movimento já começou. Empresas como Uber são somente a ponta do iceberg da MaaS. O carro mencionado no início desse texto, que passava 80% do tempo na garagem, passou a ser utilizado uma média de 20 horas por dia. E já são 3 milhões de motoristas e mais de 75 milhões de clientes ao redor do mundo. O serviço é ofertado em 65 países, totalizando mais de 15 milhões de viagens por dia. Isso para falar de uma empresa (Uber) que conhecemos bem no Brasil. Como ela, existem várias outras em todo o mundo se beneficiando dessa tendência.

Venda seu carro enquanto ele ainda vale alguma coisa. Em um futuro próximo, ele terá tanto valor quanto as linhas de telefone fixo que seu pai recebeu como herança de família...

Este texto foi originalmente publicado no blog Cidades Mais Inteligentes, de Tilt.

Acesso direto:

A CIDADE STARTUP

Bloqueio do Uber nos EUA não pode travar apps de mobilidade urbana

11 CIDADES E COMUNIDADES SUSTENTÁVEIS

13 AÇÃO CONTRA A MUDANÇA GLOBAL DO CLIMA

Um segmento de fundamental importância na dinâmica de uma cidade e que se reflete diretamente nas nossas vidas é a mobilidade urbana. Vivemos em cidades que foram urbanizadas no século XX tendo o automóvel como principal meio de transporte e, hoje, estão entrando em colapso. Os reflexos desse problema vão muito além dos congestionamentos e da poluição causada pelos carros. De acordo com um relatório da consultoria INRIX de janeiro de 2018, os Estados Unidos gastaram US$ 305 bilhões com os congestionamentos urbanos.

Analisando mais de cinco terabytes de dados em 1.360 cidades em 38 países, o estudo da INRIX serve como uma base empírica de quanto o tráfego custa às nossas cidades, impactando diretamente a economia local. São Paulo ocupa a quarta posição no ranking global de congestionamentos, perdendo somente para Los Angeles, Moscou e Nova York. O Rio de Janeiro aparece em 24º lugar na lista. As duas cidades brasileiras pioraram seus números de horas gastas pelos cidadãos no trânsito em comparação com os indicadores de 2016.

Outra consequência importante da quantidade excessiva de veículos em nossas cidades é o problema do estacionamento urbano.

Em algumas cidades é quase impossível encontrar uma vaga (gratuita ou a pagamento) no horário comercial. E, pior, essa limitação de espaço também influencia diretamente o problema dos congestionamentos. De acordo com o professor da Universidade da Califórnia Donald Shoup, estudos de 11 cidades em quatro continentes, realizados entre 1927 e 2001, mostraram que a busca por estacionamento gera cerca de 30% do tráfego nas áreas centrais das grandes cidades. Mais de 15 anos depois do estudo, os números continuam os mesmos.

Da combinação entre o caos da mobilidade urbana e o crescimento da chamada economia compartilhada nasceram várias soluções. Algumas delas com extremo sucesso, como o caso do Uber, que em uma primeira análise parece uma solução perfeita: colocar em contato pessoas que tenham interesse em "compartilhar caronas". O problema é que, na maioria das vezes em que desenvolvemos uma ideia para resolver um problema específico, não levamos em consideração a complexa matriz que compõe nossas cidades. Assim, como na teoria do cobertor curto, quando se cobrem as orelhas, descobrem-se os pés e vice-versa.

A mais recente decisão pública do tipo *cidade X Uber* aconteceu em Nova York, uma das top 5 na lista de cidades inteligentes. A Câmara Municipal da cidade aprovou uma regulamentação para empresas tipo Uber e Lyft, limitando o número de veículos nas ruas por um ano e exigindo que os motoristas recebam um salário mínimo. Nova York foi a primeira cidade americana a limitar o número de carros de aplicativo. O receio agora é que isso crie um efeito cascata em todo o país e vire exemplo para o mundo.

O mesmo já está acontecendo também no Brasil. O projeto de lei que regulamenta a atuação de empresas de aplicativos no País, que foi sancionado pelo presidente Michel Temer em março de 2018, definiu, além dos temas legais e trabalhistas, que caberá aos municípios e ao Distrito Federal regulamentar e fiscalizar esses serviços.

O grande desafio que temos neste caso, e que servirá de exemplo para outros segmentos, é tentar encontrar um equilíbrio entre as soluções novas e disruptivas e os setores tradicionais da economia. Não devemos simplesmente tentar enquadrar serviços da Nova Economia, como Uber e Cabify, como táxis, que datam do século XVII, quando o serviço surgiu em Paris e Londres, ainda com carruagens.

Novas polêmicas já estão surgindo com o avanço das tecnologias. Em Portugal, por exemplo, a *startup* Mov.E está propondo o conceito de aluguel de pontos de recarga para veículos elétricos. A ideia segue o

A CIDADE STARTUP

mesmo conceito de "*sharing*" do Airbnb, mas, em vez de alugar um quarto, você aluga sua tomada, vendendo energia. Já consegue imaginar quantos segmentos de peso estão envolvidos e a polêmica que vai causar?

Em Barcelona também há um aplicativo bem interessante no setor de mobilidade. Trata-se do DRIVY, uma plataforma francesa fundada em 2010 em que está em rápida expansão. A empresa de carros compartilhados atende 1,5 milhão de usuários com cerca de 50 mil carros disponíveis para locação na França, Alemanha, Áustria, Espanha, Bélgica e Inglaterra.

O conceito é simples: você registra seu carro na plataforma e informa a disponibilidade de dias e horários em que ele está livre para locação. O usuário escolhe o carro e você recebe um aviso no app dizendo que há um interessado. A decisão de alugar ou não para aquela pessoa é sempre sua, igual ao Airbnb. E tem mais: se você não tem tempo de seguir cada aluguel, indo até o veiculo para entregar as chaves pessoalmente, existe a opção de um kit de abertura das portas via app.

E se baterem seu carro? Não se preocupe: a empresa tem um acordo com a seguradora Allianz para cobertura total do veiculo. E funciona muito bem, pelo menos para quem aluga. Eu mesmo tive a experiência de dar uma "encostadinha" com o carro que tinha alugado e tudo ok! Não precisei pagar nada a mais ☺.

Os novos tempos estão requerendo cada vez novas soluções disruptivas. Essas, por sua vez, precisam ser harmonizadas em nossas cidades, não somente do ponto de vista financeiro, mas principalmente nas questões econômicas e legais. O grande desafio é fazer com que nossas cidades acompanhem a velocidade da evolução das novas tecnologias com o mínimo de impacto negativo possível. Na verdade, não somos nós que estamos fazendo cidades mais inteligentes, mas sim a sociedade que está evoluindo de forma "mais inteligente".

Este texto foi originalmente publicado no blog Cidades Mais Inteligentes, de Tilt.

Acesso direto:

Transporte grátis para todos: como e por que deveríamos importar essa ideia

11 CIDADES E COMUNIDADES SUSTENTÁVEIS

13 AÇÃO CONTRA A MUDANÇA GLOBAL DO CLIMA

Em época de eleições, parece que o Brasil se desconecta do mundo. Em 2018, mais que discutir as propostas políticas de cada candidato, vivemos um processo perigoso de polarização extrema. Deixar de lado as questões ideológicas e discutir o problema da mobilidade urbana a partir de alguns casos mundiais de sucesso é uma maneira de escapar dessa polarização e apresentar soluções para questões importantes no cotidiano da população.

A mobilidade não deveria ser um tema mais municipal que nacional? Sim e não! Sim, porque os principais sintomas do problema, como trânsito e poluição, influenciam diretamente a qualidade de vidas nas cidades. Mas também não, porque as possíveis soluções para esse problema podem vir de políticas nacionais.

Na minha época de escola técnica no Rio de Janeiro, bastava colocar o jaleco da instituição que eu podia entrar pela porta da frente do ônibus. Bons tempos... O que você acha se esse direito fosse estendido a todos os moradores da cidade? Já há cidades e até mesmo países testando esse modelo.

Conhecemos bem pouco no Brasil um país europeu chamado Estônia. Localizado na região nordeste da Europa, a Estônia fez parte do bloco soviético até 1991. Embora bem pequeno, com cerca de 1,3 milhão de habitantes, o país vem se destacando mundialmente pela sua gestão pública disruptiva.

A CIDADE STARTUP

Um dos casos de maior sucesso deles é a adoção do modelo de transporte público gratuito para todos os residentes. O primeiro projeto de transporte gratuito foi realizado na capital Talinn em 2013, depois da aprovação de mais de 75% da população em um referendo público. Para ter direito ao benefício, o cidadão precisa estar registrado como residente da capital e pagar uma taxa única inicial de 2 euros para emissão do seu passe livre, chamado lá de *Green Card*. Para qualquer residente, de qualquer idade, transporte grátis 24 horas por dia, 7 dias por semana. Parece um sonho?

Os principais argumentos para esse modelo são facilitar o acesso ao transporte público para as pessoas de baixa renda e encorajar as pessoas de alta renda a usar menos seus carros, ajudando a diminuir o trânsito e a poluição nas cidades. E não para por aqui. Teoricamente, o fato de ter mais pessoas transitando pelas ruas fora de seus veículos pode gerar um fluxo maior de negócios para o comércio local, ajudando a economia da cidade como um todo.

Mas ter transporte público não significa que ninguém deve pagar a conta! Afinal, o custo de um bilhete mensal de transporte público em capitais europeias pode passar de 200 euros, como acontece em Londres. Em Talinn, o programa custa em torno de 12 milhões de euros anuais para o município, que não criou nenhum imposto ou taxa nova para custear o transporte gratuito. O governo está tão confiante no sucesso desse modelo que já começou a ampliar o programa em nível nacional. Se Talinn foi a primeira capital europeia com transporte gratuito, agora a Estônia quer ser o primeiro país do mundo a adotar esse modelo.

Mas nem tudo são flores, CLARO! Uma pesquisa conduzida pela Universidade de Tecnologia de Delft, na Holanda, constatou que os resultados durante o primeiro ano do programa não foram tão positivos como se esperava. Houve, sim, um incremento de 14% no uso dos transportes públicos, o que não indicou necessariamente uma maior utilização pelas pessoas de baixa renda. E mais: o estudo revelou uma diminuição de 10% nas viagens de carro, mas em contrapartida houve um aumento nas distâncias percorridas. A conclusão foi que o aumento do uso do transporte público veio principalmente de viagens extras feitas por pessoas que já usavam o sistema e de pessoas que faziam os percursos a pé e passaram a usar mais o transporte. O que, à primeira vista, parece negativo. Esse é, porém, um processo de mudança de hábitos e mentalidade da sociedade e é normal que os resultados apareçam melhor em médio e longo prazos.

A Estônia não está sozinha neste movimento de transporte gratuito para todos. Diversas cidades na Europa também estão testando o modelo. Na Alemanha, Tübingen e outros quatro municípios decidiram testar esquemas gratuitos de transporte público. A motivação é a redução dos índices de poluição do ar, até porque as penalidades na Europa por poluição são altíssimas. A Polônia lidera a lista de países europeus, com 30 cidades desenvolvendo ações nessa linha. Suécia, Romênia, Grécia, Inglaterra, Rússia, França e Itália também têm projetos em andamento.

Esse é, na verdade, um movimento mundial. De acordo com o site FreePublicTransportation, aproximadamente 130 cidades, em 30 países, estão testando o modelo. O Brasil aparece na lista com 13 cidades que adotaram o sistema. No Paraná temos Pitanga (32 mil habitantes) em 2012 e Ivaiporã (31 mil habitantes) em 2004. No Rio de Janeiro são três cidades: Porto Real (18 mil habitantes) em 2012; Maricá (153 mil habitantes) em 2013; e Silva Jardim (22 mil habitantes) em 2014. Em São Paulo temos Potirendaba (15 mil habitantes) em 1998; Paulínia (102 mil habitantes) em 2012 e Agudos (36 mil habitantes) desde 2003. Minas Gerais aparece com três cidades: Monte Carmelo (48 mil habitantes) desde 1994, Itatiaiuçu (10 mil habitantes) e Muzambinho (21 mil habitantes) desde 2013. Por fim, a cidade cearense de Eusébio (52 mil habitantes) e a goiana Anicuns (32 mil habitantes) também oferecem a seus residentes algum tipo de transporte público gratuito.

O que você acha da ideia de transporte gratuito para todos? Será que funcionaria na sua cidade?

Este texto foi originalmente publicado no blog Cidades Mais Inteligentes, de Tilt.

Acesso direto:

A CIDADE STARTUP

Menos carros, mais pessoas: Fortaleza e Barcelona querem mudar suas ruas

Definitivamente, vivemos em cidades em que toda a infraestrutura viária foi pensada para facilitar a mobilidade tradicional (carros, motos e ônibus). Mas não foi sempre assim. Se observarmos fotos de nossas grandes cidades no início do século XX, notaremos uma outra realidade. As ruas pertenciam mais às pessoas. Mais do que artérias usadas para fluir a mobilidade, as ruas eram verdadeiros espaços públicos de convivência.

Esta realidade está voltando. Várias cidades estão transformando algumas de suas ruas não somente em locais exclusivos para pedestres, mas em verdadeiros oásis urbanos. Por sinal, o conceito de área exclusiva para pedestre não é novo. Os primeiros projetos urbanos para separar pessoas de "veículos sobre rodas" datam do período do renascimento europeu, entre os séculos XIV e XVII. Um dos mais tradicionais exemplos é o famoso mercado Arcade, de Paris.

O conceito voltou a fazer parte dos projetos urbanos no início da década de 1970. A rua Graben, em Viena, e a rua Stroget, no coração de Copenhague, são bons exemplos na Europa. No Brasil temos a famosa rua XV de Novembro, em Curitiba, que data de 1972. Esse conceito evoluiu muito nos últimos anos. O que era simplesmente a proibição de veículos motorizados em uma via passou a ser uma estratégia de urbanização e socialização bem mais complexa e sofisticada.

A nova tendência consiste na criação de zonas sociais integradas. Não necessariamente proibindo a passagem de veículos, mas colocando o pedestre como principal protagonista e usuário da infraestrutura. Em Barcelona temos um projeto bem interessante e polêmico chamado de Superilhas: a primeira implementação do projeto aconteceu no bairro El Poblenou, em uma área de 9 quadras onde todo o trânsito interno do bairro foi alterado para dar lugar à reurbanização das ruas.

Com a SuperIlha de El Poblenou foram criadas áreas esportivas, *playgrounds* para as crianças, espaços de convivência com mesas e cadeiras e locais para exposições de artes e atividades culturais ao ar livre. Tudo, literalmente, no meio da rua. O trânsito local foi limitado, em sua grande parte com uma velocidade máxima de 30 km/h, afastando os motoristas que antes passavam por ali regularmente em suas jornadas diárias. Agora, praticamente só transitam moradores ou quem tem algum compromisso na região.

Essa restrição, que deixou felizes os moradores, também criou uma grande polêmica entre os comerciantes da região, que reclamam da diminuição do fluxo de veículos e, consequentemente, do número de clientes.

Na minha opinião, essa ideia é ótima, pois transforma o simples "pedestre" em cidadão, uma vez que ele passa a ter novamente direito ao uso total do mobiliário urbano como local de convivência. No Brasil, um projeto chama a atenção por ter a mesma essência: em Fortaleza, no Ceará, foi inaugurada mais uma etapa do projeto Cidade da Gente, exatamente com uma intervenção na região da praia de Iracema, nas ruas vizinhas ao Centro Cultural Dragão do Mar.

O projeto da prefeitura pretende revitalizar e ocupar espaços urbanos com a pintura e sinalização das ruas. O melhor é que o projeto conta com o apoio de empresas privadas locais, como a fabricante de tintas Hidracor, diminuindo assim os custos de implementação para a prefeitura. "São projetos como esse, conduzidos pela nossa Secretaria de Conservação e Serviços Públicos, orientados ao cidadão, que tornam Fortaleza um lugar melhor para se viver", afirmou Cláudio Ricardo Gomes de Lima, presidente da Citinova, a Fundação de Ciência, Tecnologia e Inovação de Fortaleza, responsável pelos projetos de cidades inteligentes.

Assim como o projeto de Barcelona, a iniciativa visa a promover a interação da comunidade, criando novos espaços de convivência. O projeto Cidade da Gente foi inaugurado em setembro de 2017 no bairro Cidade 2000. Na época, a intervenção foi feita na Avenida Central usando uma tinta de fácil remoção, jarros de plantas e cones de

A CIDADE STARTUP

sinalização para a criação de uma área exclusiva para pedestres. Fortaleza se inspirou em outras iniciativas similares realizadas em Bogotá, Nova York e São Paulo.

Na capital paulista foi criado inclusive o Estatuto do Pedestre, que visa não somente estabelecer os direitos e deveres do pedestre, mas promover a segurança no trânsito para eles e, principalmente, incentivar a mobilidade a pé. Para isso, é de fundamental importância repensarmos a infraestrutura voltada para o deslocamento de pedestres nas nossas cidades.

No fim das contas, todas essas ações visam a melhorar a qualidade da vida urbana. Falando nisso, todos os anos é divulgado o ranking MERCER de qualidade de vida nas cidades. Em 2018, a capital austríaca Viena levou o título mais uma vez – a 9ª consecutiva –, seguida por Zurique, Auckland, Munique e Vancouver. Adivinhe o que essas quatro cidades têm em comum? São todas bem conhecidas como "cidades caminháveis".

Pequenas ações na mobilidade urbana da sua cidade podem trazer grandes benefícios para a qualidade de vida de todos. E, o melhor, podem custar muito pouco e ter um grande potencial para atrair parceiros investidores do setor privado, como aconteceu no projeto Cidade da Gente de Fortaleza Que tal ir bater um papo com seu vereador ou prefeito e propor a ele algo similar?

Este texto foi originalmente publicado no blog Cidades Mais Inteligentes, de Tilt.

Acesso direto:

Sem crise para estacionar! Sensores ajudam a achar vagas em grandes cidades

8 TRABALHO DECENTE E CRESCIMENTO ECONÔMICO **9** INDÚSTRIA, INOVAÇÃO E INFRAESTRUTURA **11** CIDADES E COMUNIDADES SUSTENTÁVEIS **12** CONSUMO E PRODUÇÃO RESPONSÁVEIS **13** AÇÃO CONTRA A MUDANÇA GLOBAL DO CLIMA

Os sensores estão assumindo um destaque cada vez maior na criação das cidades inteligentes. A tendência das chamadas construções inteligentes acelerou consideravelmente o desenvolvimento dos sensores na última década. E, com o avanço das tecnologias de IoT (Internet das Coisas), o protagonismo dos sensores está aumentando, principalmente para o monitoramento de *utilities* como energia elétrica, gás e água, além da detecção de problemas como trânsito, estacionamento, poluição, chuvas e ruídos.

Além de ajudar os governos municipais a operar de forma mais eficiente, o uso de sensores está mudando a forma como estamos reestruturando as nossas cidades. Santander, na Espanha, implementou um projeto com mais de 12 mil sensores urbanos que medem tudo. O sistema integrado atua desde a quantidade de lixo nas lixeiras até o número de vagas de estacionamento disponíveis.

Muitos dos sensores que medem os níveis de poluição do ar e as condições do trânsito foram instalados em veículos públicos de alta circulação, como carros de polícia e táxis. Os dados desses sensores são armazenados em nuvem e analisados em tempo real, permitindo ao governo da cidade uma melhor tomada de decisões. Santander também está abrindo seus dados para que empreendedores possam criar aplicativos, rentabilizando a economia local e gerando novos empregos.

Barcelona possui uma solução (pública) chamada *Sentilo* que já está 100% implementada. Trata-se de uma plataforma que otimiza o desempenho urbano a partir de uma rede integrada de sensores. Criado em 2012, o projeto é hoje uma das melhores plataformas de código aberto para cidades inteligentes do mundo. As informações estão disponíveis para qualquer empresa ou cidadão que queira utilizá-las, como também acontece no projeto de Santander.

A plataforma monitora, em tempo real, todos os sensores instalados na cidade, desde o fluxo de tráfego até o ruído ambiente. Seguindo o conceito de economia compartilhada, qualquer empresa ou pessoa que tenha um sensor instalado na cidade pode conectá-lo à plataforma. Dubai já está pilotando o sistema Sentilo no seu megaprojeto Smart Dubai.

Mas não é somente o setor público que está avançando neste mercado. Como solução privada no segmento de sensores para *Smart Cities* podemos destacar o Streetline. A plataforma está ajudando as cidades a resolver o problema da disponibilidade de estacionamento, fornecendo dados inteligentes em tempo real e análises avançadas. A solução já foi implementada em 30 cidades nos Estados Unidos. No Reino Unido e na Alemanha, o Streetline também vem sendo testado.

O sistema foi desenvolvido com base na hipótese de que cerca de 30% do tráfego urbano consiste em motoristas que procuram lugares para estacionar. O Streetline desenvolveu um algoritmo para coletar e monetizar dados não estruturados e, por isso, é capaz de coletar e classificar vários tipos de dados de sensores no solo, câmeras de trânsito e redes Wi-Fi, reunindo essas informações para criar um mapa de espaços de estacionamento e sinalizando se os pontos estão ocupados ou vazios.

A solução também analisa os dados históricos coletados ao longo do tempo para determinar padrões de estacionamento, permitindo que as cidades precifiquem as vagas de estacionamento urbano de acordo com seu valor real (com base na oferta e na demanda), de forma similar às regras do setor imobiliário. De posse desses dados, as cidades podem ajudar a reduzir o congestionamento, orientando os motoristas para o espaço de estacionamento disponível mais próximo. As aplicações em tempo real e os históricos desse sistema também permitem que as cidades façam uso dos dados para melhorar o planejamento e a política de estacionamento a médio e longo prazos.

Baseadas em tecnologias similares, algumas cidades usam o sistema para criar uma precificação dinâmica das vagas disponíveis. Dependendo da disponibilidade e da demanda, o preço do estacionamento público sobe ou baixa automaticamente. Los Angeles foi umas das cidades pioneiras nesse conceito, com a instalação de 6 mil sensores em 800 ruas da cidade. Como resultado, somente 27% das vagas disponíveis sofreram um aumento de preços, contra mais de 60% que tiveram os preços reduzidos. Segundo dados oficiais do município, houve uma redução de 10% no índice de congestionamento na cidade. E isso é bastante para a cidade que é considerada a mais congestionada do mundo.

Praticamente todos os grandes *players* do mercado de tecnologia estão investindo em soluções de IoT baseadas em sensores para cidades inteligentes. Companhias que vão desde as mais tradicionais no setor de soluções eletrônicas (Sony, Panasonic, Xerox, Samsung) às empresas de telecomunicações (Verizon, Vivo, TIM, Vodafone) estão fortemente na corrida do desenvolvimento de soluções.

Até mesmo grandes empresas de armazenamento em nuvem, como Amazon Web Services, Microsoft e Google, já estão neste mundo, com soluções especificas para tratar os dados de IoT urbano. Existe, então, uma excelente oportunidade para as cidades brasileiras atraírem investimentos e desenvolverem parcerias com essas empresas para a implementação e teste de novas soluções.

Mas é preciso tomar cuidado! Como se trata e dados coletados livremente de locais públicos, as regras de coleta, manutenção, divulgação, uso e comercialização desses dados ainda não estão bem definidas. Isso pode acarretar problemas políticos e jurídicos para a cidade e seus gestores públicos. A ameaça de *hackers* e o vazamento de informações serão cada vez mais reais conforme as cidades forem se conectando. Nunca esqueçam: projetos sérios de segurança cibernética devem acompanhar todo e qualquer processo de cidade inteligente. Sem falar também no risco potencial do chamado IoTrash – o lixo resultante do IoT.

Este texto foi originalmente publicado no blog Cidades Mais Inteligentes, de Tilt.

Acesso direto:

A CIDADE STARTUP

Veja em 360º como é o modernoso Centro de Operações do Rio

Neste vídeo 360º visitaremos o Centro de Operações Rio (COR), localizado no Rio de Janeiro e considerado um dos mais modernos do mundo. O COR é um dos grandes legados das Olímpiadas do Rio de Janeiro de 2016. Idealizado e inaugurado em dezembro de 2010, seis anos antes dos Jogos, o prédio funciona como um quartel-general de integração das operações urbanas no município. Cerca de 30 órgãos (secretarias municipais e concessionárias de serviços públicos) estão interligados para monitorar a operação da cidade e minimizar seus impactos na rotina do cidadão ou durante a realização de grandes eventos.

Durante 24 horas por dia, nos sete dias da semana, o COR busca antecipar soluções, alertando os setores responsáveis sobre os riscos e as medidas urgentes que devem ser tomadas em casos de emergências, como chuvas fortes, deslizamentos e acidentes de trânsito. Para tornar isso realidade, mais de 500 profissionais se revezam em diferentes turnos auxiliando o monitoramento da cidade.

Te convido a visitar o projeto comigo, através do vídeo 360º que gravei com o Alexandre Cardeman, CEO do COR, que me mostrou as futurísticas instalações deste que é considerado um dos centros de operações mais modernos do mundo.

A ideia é proporcionar a todos uma experiência imersiva completa. Por isso, o vídeo foi gravado no formato 360 graus, com tecnologia 3D e áudio espacial, o que significa dizer que você terá a impressão de estar caminhando comigo. O vídeo pode ser assistido diretamente na tela de seu computador ou no seu smartphone.

A princípio, você não precisa ter óculos de realidade virtual (RV) para assisti-lo: basta dar play e girar seu celular durante a execução para ver todos os ângulos, como se estivesse lá comigo. Mas, para ter uma verdadeira experiência imersiva, aconselho usar óculos de RV e um fone de ouvido.

Acesse o vídeo aqui:

Este texto foi originalmente publicado no blog Cidades Mais Inteligentes, de Tilt.

Acesso direto:

A CIDADE STARTUP

Uber do cocô – conheça o app que promete te ajudar naquela difícil tarefa

4 EDUCAÇÃO DE QUALIDADE

11 CIDADES E COMUNIDADES SUSTENTÁVEIS

> *"A grandeza de um país e seu progresso podem ser medidos pela maneira como trata seus animais"*
>
> *- Mahatma Gandhi*

Há um problema que muitas cidades têm e é muito difícil de resolver: como harmonizar a vida entre cidadãos e animais de estimação? Sabemos que há uma tendência de casais não terem mais filhos. Eles estão preferindo ter animais de estimação em vez de crianças e esses animais também compartilham o espaço urbano conosco. Para se ter uma ideia, apenas nos Estados Unidos existem mais de 80 milhões de cães cadastrados. Então você pode imaginar a dimensão do problema se pensar em todos esses cães nas ruas produzindo diariamente mais de 30 toneladas de excremento (também conhecido como cocô).

Como resolver esse problema de maneira inteligente e democrática? Não se trata apenas de uma questão de limpeza urbana, mas de um problema de saúde pública, já que um grama de excremento animal pode conter mais de 23 milhões de bactérias. As cidades estão lidando com esse problema de diferentes maneiras.

Estados Unidos, Espanha, Israel e Irlanda já possuem um banco de dados de DNA de cães para analisar os excrementos, cruzar informações e identificar os donos dos animais. Algumas cidades também tentaram, no passado, banir cães das ruas, mas essas medidas não resolvem realmente o maior problema. Em cidades inteligentes, é crucial harmonizar os relacionamentos de todos e tudo – afinal, o objetivo principal que queremos atingir é o aumento da qualidade de vida.

Mas, como diz a sabedoria popular, onde existe um problema há sempre uma oportunidade de negócios! Exatamente para aproveitar essa onda de "*pets* urbanos", uma *startup* americana lançou um aplicativo chamado Pooper (que poderia ser traduzido como "cocozeiro"). A ideia é simples: você sai para passear com seu amiguinho e vai marcando no app os locais em que ele deixou sua assinatura especial. Uma equipe de "limpadores de cocô" recebe a notificação e vai ao local realizar o trabalho (sujo) para os menos corajosos.

Olha só a propaganda deles: *A Pooper está empenhada em te ajudar com o incômodo e a bagunça de limpar o seu cão. Quer você esteja em movimento, tenha as mãos ocupadas, não consiga encontrar uma lixeira ou simplesmente não goste de pegar cocô (ei, não culpamos você!), Pooper está aqui para ajudar.*

O processo é bem simples. seu amigo faz suas necessidades, você tira uma foto usando o app, aperta o botão: *requisitar um recolhedor* e você recebe uma notificação depois do serviço realizado. O difícil deve ser avisar a todos que estão ao redor te olhando não recolher o cocô do seu cachorro que "alguém" virá fazer isso por você em breve.

O aplicativo é dividido em duas categorias de usuários: os *Poopers*, que são os clientes, e os *Scoopers* (recolhedores). Como no modelo Uber, qualquer pessoa pode se cadastrar como recolhedor(a) de cocô, definindo os horários em que está disponível para trabalhar e, claro, sendo paga para isso! Quanto mais cocô recolhido, mais dinheiro no bolso. É possível se cadastrar para trabalhar de carro, moto, bicicleta, ou até mesmo a pé, e a bolsinha higiênica é por conta da Pooper ;)

O aplicativo está atualmente em período de testes em Los Angeles, São Francisco e Nova York. Os valores do plano variam conforme a frequência de uso do aplicativo, podendo chegar a até US$ 35 dólares por mês. O mesmo acontece para a remuneração dos

A CIDADE STARTUP

recolhedores, que também varia conforme o meio de transporte usado e a distância percorrida. Fantástico! Mas será que funcionaria no Brasil?

As soluções para este problema na Europa apontam para um outro caminho. Recentemente visitei um projeto muito bacana em Rovolon, uma pequena cidade na região italiana do Vêneto. O projeto nasceu como uma PPP (parceria público-privada), na qual o governo local ofereceu a uma ONG uma área de 7.000 m² em uma parte industrial da cidade para abrir um parque para cães. O projeto foi batizado com um nome bem interessante: *Cidadãos de Quatro Patas*. Porque esta é exatamente a ideia principal do projeto: tratar os cães como uma espécie de "*stakeholder*" da cidade.

A ONG investiu cerca de 6 mil euros para construir um moderno e harmonioso parque para cães. O parque é dividido em duas áreas principais: um amplo jardim gratuito para todos e um parque profissional para membros do cão-clube, no qual os usuários pagam uma taxa de 50 euros por ano, o que ajuda a ONG a custear a manutenção da área. Os membros podem usar todas as instalações, que incluem uma piscina para cães (disponível somente na primavera e verão), dispositivos cognitivos, brinquedos e um curso de treinamento de agilidade para cães. Os membros também acessam treinamentos de especialistas para seus cães com descontos especiais. Mas, neste caso, cada um é responsável pelo cocô do seu melhor amigo!

O projeto foi um grande sucesso e agora é usado não só pelos moradores locais, mas também por membros de outras cidades distantes até 45 km (o que é muita coisa para os padrões italianos). A ONG também desenvolve várias atividades sociais com crianças e idosos para promover esse relacionamento harmonioso entre pessoas e seus melhores amigos.

Como já comentei antes neste livro, o conceito de cidades inteligentes não precisa necessariamente estar relacionado ao uso de tecnologia. Ele se refere muito mais à busca pela melhoria da qualidade de vida.

Este texto foi originalmente publicado no blog Cidades Mais Inteligentes, de Tilt.

Acesso direto:

A reintegração econômica de pessoas pode ser uma oportunidade de negócios

5 IGUALDADE DE GÊNERO   **10** REDUÇÃO DAS DESIGUALDADES   **11** CIDADES E COMUNIDADES SUSTENTÁVEIS

Em uma recente viagem ao Brasil, ouvi muita gente comentando que estava descontente com a situação do País e que pensava em ir morar no exterior. Isso me fez lembrar de uma história real que não começa muito feliz.

Era uma vez o Beto. Na casa dos 40 anos e microempresário no Rio de Janeiro, os negócios iam muito bem. Já a vida social e em família, nem tanto. Separado há pouco tempo, Beto decide que é hora de fazer uma mudança radical na sua vida. Vende tudo que tem e embarca para Barcelona para viver seu sonho de morar fora do Brasil. E não só isso: ele também estava disposto a recomeçar profissionalmente — agora como fotógrafo profissional, sua grande paixão.

No início, tudo flores (como sempre!). Capitalizado e encantado com seu novo estilo de vida, Beto consegue rapidamente se adaptar. Os primeiros três meses passam bem rápido. E de turista em longas e merecidas férias, Beto passa à condição de residente irregular na Europa. Sem documentos oficiais, não só fica difícil encontrar emprego, como também é quase impossível receber pelos serviços realizados.

Depois de quase um ano nessa montanha-russa de emoções, Beto se vê em uma situação muito complicada. As reservas financeiras

A CIDADE STARTUP

evaporaram mais rápido do que o planejado, com o custo de vida quatro vezes mais elevado do que no Brasil, e ficava cada vez mais difícil encontrar serviços como fotógrafo devido à sua situação irregular. Após esgotar todas as opções, Beto acabou por ir morar na praça principal da cidade. A história de Beto ilustra bem as dificuldades que muitos imigrantes passam na busca por uma vida melhor no exterior.

Mas o problema dos moradores de rua não está somente relacionado aos imigrantes. Principalmente nos Estados Unidos e na Europa, é possível encontrar até mesmo pessoas oriundas da classe média nessa situação, devido à crise econômica. E quando as coisas ficam difíceis para o cidadão local, imagine para um imigrante sem documentos. Mas a história do Beto não termina aqui e, felizmente, também não acaba mal!

Em 2016, foi criada em Barcelona uma associação sem fins lucrativos chamada Homeless Entrepreneur - #HE. O objetivo dela é exatamente ajudar os moradores de rua que exerciam atividades profissionais no passado, mas acabaram nesta condição por uma questão econômica. O próprio fundador e presidente da #HE, Andrew Funk, tem uma história semelhante. De origem americana, ele chegou à Espanha em 2003. Entre altos e baixos, Andrew também acabou indo morar nas ruas por quase 18 meses, mesmo empregado e ganhando um salário mensal de 3 mil euros. Ele não somente conseguiu dar a volta por cima na sua história pessoal, como também criou a organização para ajudar outros moradores de rua a mudar sua realidade.

Em 2017, Beto passou a fazer parte do time de empreendedores sob a tutela do #HE. Final feliz para todos. Projetos bacanas como o do Andrew estão se multiplicando nos nossos grandes centros urbanos. Eles são uma consequência da própria evolução da nossa sociedade: os cidadãos estão assumindo seu papel de *stakeholder* ativo no processo de gestão dos problemas. Problemas como assédio sexual, violência doméstica, discriminação de gênero, racismo e tantos outros estão ganhando uma grande atenção. Soluções tecnológicas, principalmente baseadas em apps, estão se multiplicando mundo afora.

Mas como empreender com sucesso nessa área do empoderamento social? Quem paga a conta no final, uma vez que não seria muito factível cobrar do "beneficiado" nesses casos? Imagine cobrar uma mensalidade de um sem teto ou de uma mulher que sofre de violência doméstica para ter acesso ao serviço. Impensável!

Se você está pensando que o dinheiro para esses serviços está vindo dos cofres públicos, esqueça. Esses projetos não se propõem a substituir a assistência social do governo: pelo contrário! No caso do #HE, eles não focam em tratar moradores de rua com problemas de drogas ou alcoolismo, por exemplo. Embora eles contem com uma equipe multidisciplinar, incluindo profissionais da área da saúde, o objetivo é a reintegração social e econômica das pessoas.

Esses projetos não são de caridade, mas sim de empoderamento social. É exatamente aqui que está a grande oportunidade desse novo *business* que está crescendo rápido e que estamos chamando de *Empowerment-as-a-Service* (EaaS). Dos orçamentos milionários dos programas de responsabilidade social corporativa às verbas para projetos sociais das diversas agências das Nações Unidas, aqui o que não falta é recurso! Se você tem uma ideia interessante para ajudar pessoas e quer empreender em um projeto de EaaS, há muitas oportunidades!

Este texto foi originalmente publicado no blog Cidades Mais Inteligentes, de Tilt.

Acesso direto:

5

MUDANÇA DE
MENTALIDADE

A CIDADE STARTUP

A CIDADE STARTUP

Mudança de mentalidade

Estamos vivendo o início de um novo momento na História mundial e no desenvolvimento da sociedade. Os avanços tecnológicos, a evolução da Inteligência Artificial (AI) e a mobilidade cada vez maior das pessoas são apenas algumas faces de um movimento transformador que parece ser cada vez mais acelerado. Já temos muitas perguntas sobre como será o amanhã, mas poucas respostas.

O que sabemos com certeza é que precisamos nos adaptar rapidamente às mudanças e preparar as novas gerações para o que virá. Esse enigma de preparar pessoas para um futuro que não conhecemos coloca em xeque, por exemplo, todo o modelo atual de educação, que se baseia na acumulação de conhecimento. Hoje, porém, é muito fácil obter informação (basta acessar o Google): o difícil é discernir o verdadeiro do falso e interpretar as informações para extrair *insights* e inovações.

Pensar em Cidades Mais Inteligentes é pensar no ser humano como um todo. O que é "ser feliz" em um mundo altamente tecnológico? Como se darão as relações humanas nas grandes metrópoles mundiais? Como integrar pessoas de culturas totalmente diferentes? Essas são questões que precisam estar na cabeça de quem formula políticas públicas e de todos que fazem parte do ecossistema global das *Smart Cities*.

Conheça a cidade onde crianças já estão programando aos 7 anos de idade

4 EDUCAÇÃO DE QUALIDADE   **9** INDÚSTRIA, INOVAÇÃO E INFRAESTRUTURA   **11** CIDADES E COMUNIDADES SUSTENTÁVEIS

Como bom carioca, concordo plenamente com os que dizem que o Rio de Janeiro é uma das cidades mais belas do mundo ;). Mas, vamos ser sinceros, a lista é grande! E nesse elenco global de cidades maravilhosas, há certamente um lugar, bem lá no topo, para a bela, milenar, tradicional, mística, imensa e caótica Istambul.

Se você fez todos seus deveres de casa na época da escola, deve ainda se lembrar da capital oriental do Império Romano: Constantinopla. É a única cidade do mundo com seu território cravado entre dois continentes: Europa e Ásia. Hoje chamada de Istambul, é a maior cidade da Turquia. Lá, existe um projeto fantástico, coordenado pela prefeitura em conjunto com a empresa (pública, mas com fins lucrativos) de tecnologia ISBAK. Esse modelo de negócio de empresa pública que pode vender soluções, por sinal, está cada vez mais popular, principalmente na Ásia.

Visitamos o City Lab da cidade, construído dentro de uma estação de metrô, que segue bem o estilo "Vale do Silício" de *hub* de inovação. Mas a grata surpresa foi descobrir um projeto de educação digital para crianças. Mais ou menos assim: seu filho de 7 anos vai para

A CIDADE STARTUP

lá junto com a classe da escola e, em vez de jogar *online* ou assistir vídeos, ele aprende a criar seu próprio desenho animado. O tempo passa e, com 9 anos, ele já está programando e aprendendo robótica avançada. Aos 15, está pronto para as aulas de empreendedorismo. E tudo isso no belíssimo modelo 0800!

Ficou com água na boca? Então você não pode deixar de assistir o vídeo 360° que fiz conhecendo as instalações e batendo um papo com o diretor do projeto. Confira aqui!

Este texto foi originalmente publicado no blog Cidades Mais Inteligentes, de Tilt.

Acesso direto:

Buscando uma carreira em TI? Cuidado para não entrar em uma furada!

Nas minhas análises sobre as tecnologias que provavelmente se tornarão obsoletas no futuro, a previsão mais polêmica é sobre o fim dos notebooks. O fator decisivo aqui será a evolução dos algoritmos de Inteligência Artificial. Do jeito que estamos caminhando, em breve não iremos mais interagir com nada e ninguém via teclado. A interface mais usada será, provavelmente, a voz, em um primeiro momento; e a telepatia (ou como os cientistas chamam em inglês: *intention*). Mais rápido ou mais lento nos países em desenvolvimento, mas é só uma questão de tempo, concorda?

Nesse contexto, da mesma forma que o rádio e a televisão perderam os seus charmosos botõezinhos para volume e troca de canais, provavelmente teclados, mouses e outros periféricos também não farão tanto sentido (pelo menos para usuários comuns). Não precisa muito, então, para imaginar como um supercomputador pessoal, com processador quântico de alta prestação, no futuro vai parecer... Igual a um tablet, talvez?

Aqui entra a parte que interessa aos colegas de TI, especialmente os programadores de software. Eles sim precisam, e muito, de teclados. Mas a pergunta é: precisaremos dos programadores? Será que uma Inteligência Artificial não será capaz de desenvolver algoritmos (softwares) de forma mais rápida, *clean* e muito mais precisa que nossos gênios humanos?

A primeira consideração a ser feita é sobre o conceito que envolve o trabalho de programação, que, tirando o conhecimento da linguagem de programação, tem o seu maior mérito na criatividade e intuição humana. Segundo o professor Yuval Noah Harari, neurocientistas descobriram recentemente que muitas de nossas escolhas, preferências e emoções não são resultado de faculdades humanas "mágicas", como o livre arbítrio. **Em vez disso, a cognição humana vem da capacidade do nosso cérebro de calcular probabilidades diferentes no espaço de uma fração de segundo.**

Essa hipótese nos leva a uma questão preocupante: a Inteligência Artificial acabará por superar as pessoas em profissões que exigem "intuição humana", como advogados, analistas do sistema bancário ou programadores de software? É altamente provável, principalmente agora que já sabemos que o que parecia ser nossa grande vantagem competitiva contra as máquinas (a intuição) é, na verdade, apenas nossas redes neurais reconhecendo padrões familiares e fazendo cálculos rápidos sobre probabilidades. Adicione a velocidade de processamento da futura computação quântica nesta equação e você pode prever o resultado, certo?

Pesquisadores da Microsoft e da Universidade de Cambridge, na Inglaterra, já desenvolveram uma Inteligência Artificial que pode escrever código. O DeepCoder é capaz escrever códigos para certas funções, escolhendo a linguagem mais adequada para cada aplicação específica. O algoritmo tenta fazer o melhor arranjo possível de programação, visando otimizar e melhorar sua eficiência de programação ao longo do tempo (*deep learning*). Isso significa que a AI não "rouba" ou "copia-e-cola" o código de um software existente ou pesquisa na Internet por soluções. Ele os cria! Os autores do DeepCoder esperam que ele participe de competições de programação no futuro próximo.

Em 2016, a Microsoft lançou um chatbot para Twitter chamado Tay, projetado para imitar os padrões de linguagem de uma garota americana de 19 anos e aprender interagindo com usuários humanos. Depois de apenas 16 horas de seu lançamento, a Microsoft decidiu cancelar o projeto porque a Tay começou a postar *tweets* antissemitas e com conteúdo de discriminação racial, baseado no que ela aprendeu sozinha pesquisando online.

Segundo o cientista político americano Darren West, autor do livro "*The Future of Work: Robots, AI, and Automation*" ("O futuro do trabalho: Robôs, Inteligência Artificial e Automação"), lançado em 2018, há boas razões para supor que, no século XXI, o impacto da nova tecnologia no emprego humano será muito mais intenso e destrutivo que na Revolução Industrial anterior.

Apenas considere o fato de que nós, seres humanos, dispomos de dois tipos de habilidades – as cognitivas e as físicas. Na Revolução Industrial anterior, experimentamos a competição das máquinas no domínio das habilidades puramente físicas, enquanto nossas habilidades cognitivas permaneciam muito superiores às das máquinas. Portanto, mesmo quando a automação ocorria em trabalhos manuais dentro da indústria e da agricultura, surgiram simultaneamente novos empregos que exigiam habilidades cognitivas específicas dos seres humanos – como análise, comunicação, aprendizado e programação.

Embora a maioria dos especialistas concorde que essa Quarta Revolução Industrial mudará quase todas as linhas de trabalho no século XXI, não podemos prever como será essa mudança. É verdade que a última Revolução Industrial, ocorrida no século XIX, acabou criando mais de um novo emprego para cada um que se tornou obsoleto. Mas como será agora, que as máquinas se tornam inteligentes o suficiente para competir por empregos baseados em cognição?

Este texto foi originalmente publicado no blog Cidades Mais Inteligentes, de Tilt.

Acesso direto:

A CIDADE STARTUP

Onde está a tecnologia e a inovação no discurso dos candidatos?

9 INDÚSTRIA, INOVAÇÃO E INFRAESTRUTURA

11 CIDADES E COMUNIDADES SUSTENTÁVEIS

17 PARCERIAS E MEIOS DE IMPLEMENTAÇÃO

Vou confessar a vocês que estou meio perdido. À distância, tento acompanhar o que está acontecendo no cenário político brasileiro. Afinal, mesmo aqui no exterior, nós, brasileiros, temos a obrigação legal e moral de ajudar a eleger nossos futuros governantes. A questão, contudo, é decidir quem melhor poderá nos representar. É difícil encontrar quem tenha uma agenda séria e madura em relação ao futuro da inovação e da tecnologia para as cidades. Temos ainda problemas básicos para resolver, como segurança, saúde e educação, mas eles também estão relacionados ao uso de novas tecnologias.

Você já ouviu o termo *leapfrogging*, muito usado na teoria do crescimento econômico? A tradução livre para o português seria aquela brincadeira de criança chamada pula-sela ou pula-carniça. Em economia, significa pular etapas. Na prática, quer dizer que o crescimento econômico ou a evolução tecnológica em um determinado setor pode acontecer de forma não linear. Indo do ponto A para o ponto C, sem necessariamente passar pelo B.

Vou dar um exemplo: Elon Musk, o dono da Tesla, decidiu lançar um desafio mundial em 2013. Ele queria ideias para promover uma disrupção no setor de transportes de massa. Nasceu então a *startup* Hyperloop One. A ideia é simples: transportar pessoas e cargas em tubos pressurizados dentro de uma cápsula movida por uma turbina.

Sem o atrito do ar, esse veículo poderia atingir velocidades incríveis, teoricamente. O projeto prevê chegar aos 1.250 km/h. Significa dizer que uma viagem entre o centro do Rio de Janeiro e o centro de São Paulo poderia ser feita em torno de 20 minutos. O percurso entre Fortaleza e Porto Alegre duraria pouco menos de três horas. Para você ter uma ideia, os trens-bala mais rápidos do mundo não passam de 430 km/h (o trem Maglev em Xangai) e 360 km/h (o trem Frecciarossa, na Itália).

E a nova solução não é competitiva somente na velocidade. Segundo a empresa, o custo de implantação do sistema será em torno de 60% do investimento atual para construir um trem-bala, e o projeto poderá ser concluído em metade do tempo que se levaria para trens de alta velocidade. Isso é *leapfrogging* na veia: uma tecnologia disruptiva mais avançada engolindo a atual.

Países que ainda não têm um trem-bala, como o Brasil, provavelmente nunca o terão, pois não valerá a pena. Sairão das "marias-fumaças "direto para os Hyperloops, ou algo similar. O sistema atualmente está em teste no deserto da Califórnia (EUA) e há iniciativas em torno da tecnologia em vários outros países, como França, Indonésia, Índia e Emirados Árabes Unidos.

A boa notícia aqui, no caso do Hyperloop, é que a empresa negociou com o governo de Minas Gerais, em abril de 2018, a criação de seu mais novo Centro Global de Inovação e Logística, em Contagem, na região metropolitana de Belo Horizonte. Um projeto de US$ 26 milhões em forma de PPP (Parceria Público-Privada) no qual o governo investirá US$ 13 milhões e a iniciativa privada a outra metade.

É fantástico ver o Brasil entrar na lista seleta de pioneiros em tecnologia, mas a questão aqui é: não deveríamos ter essa pauta como prioritária para nossos candidatos ao governo, em qualquer nível? Se a tecnologia pode fazer um *leapfrogging* desse nível nos transportes, imagine o que seria possível na saúde, educação, saneamento básico, moradia?

João Kepler, estimado amigo do mundo da inovação e conhecido como o brasileiro das mil startups, fez um estudo bem interessante: "*O que os Presidenciáveis escrevem sobre Empreendedorismo no Brasil*". Após analisar o plano de governo proposto pelos 13 candidatos à presidência em 2018, ele disse: "Me desapontei! No geral, o empreendedorismo é citado muito pouco, de forma abrangente ou em situações bem específicas fora do mundo digital. Gostaria de relatar um cenário diferente, onde nossos candidatos realmente dessem o devido

A CIDADE STARTUP

valor aos empreendedores digitais – não são poucos espalhados pelo País e são uma grande alternativa ao desenvolvimento econômico."

Os tão sonhados 50 anos em 5 do Plano de Metas do presidente JK nunca estiveram tão perto de serem possíveis. A única diferença é que, se usarmos a tecnologia e o conceito de *leapfrogging*, não precisaremos endividar o Brasil pelas próximas três gerações para darmos esse novo salto. É algo que devemos perguntar aos candidatos em todas as eleições que ainda virão.

Este texto foi originalmente publicado no blog Cidades Mais Inteligentes, de Tilt.

Acesso direto:

Conheça o país que criou até ministério para ser o mais feliz do mundo

5 IGUALDADE DE GÊNERO   **10** REDUÇÃO DAS DESIGUALDADES   **11** CIDADES E COMUNIDADES SUSTENTÁVEIS   **16** PAZ, JUSTIÇA E INSTITUIÇÕES EFICAZES

Você é feliz? Muitos dizem que a felicidade é um estado de espírito pontual, ou seja, você está feliz (ou não) em um determinado momento. Segundo o dicionário Aurélio, felicidade é: "*Concurso de circunstâncias que causam ventura; Estado da pessoa feliz; Sorte; Ventura; Bom êxito; A felicidade eterna: a bem-aventurança*". O psiquiatra Freud, que tratou da felicidade sob a ótica das relações humanas, afirmou que apesar de todas as pessoas serem movidas pela sua busca, a felicidade plena é um conceito utópico. Será que é impossível ser 100% feliz?

Da filosofia de Aristóteles à religião budista, todos tentam decifrar e conceituar o que é felicidade. A verdade é que a definição e a percepção podem variar conforme a cultura, religião, gênero, região geográfica e contexto social. Imagine então se fosse o seu país ou a sua cidade te perguntando se você é feliz. Qual seria a sua resposta?

Os Emirados Árabes Unidos (EAU) decidiram ir a fundo na questão da felicidade da sua população. O rico país do Oriente Médio, formado por sete emirados, tem uma situação bem particular: dos seus quase 9,5 milhões de residentes, mais de 8 milhões (cerca de 90%) são expatriados. Ou seja, pessoas que não nasceram ali e, por consequência, não têm a cidadania local.

A CIDADE STARTUP

Para você ter uma ideia, somente o número de indianos no país em 2014 era de 2,6 milhões, mais que o dobro do número de emiratis, que eram pouco mais de um milhão. A segunda maior etnia no país é a de paquistaneses (1,2 milhão), inimigos históricos dos indianos. Bengaleses, filipinos, iranianos, egípcios, nepaleses, sírios e chineses estão na lista das 17 comunidades com mais de 100 mil habitantes no país. Imaginem o caldeirão de emoções que é essa sociedade.

E não há quase nenhuma mobilidade social. A maioria da população é formada por trabalhadores de "baixa renda" que foram recrutados em seus países e levados aos EAU para executar tarefas menos complexas. Uma vez vivendo ali, um expatriado só pode aplicar para a cidadania depois de residir no país por 20 anos, desde nunca tenha sido condenado por um crime e possa falar fluentemente árabe. Fácil, não?

Acreditem, é um desafio bem maior "ser feliz" fora do seu país, cultura e língua. Preocupado com a felicidade dos seus cidadãos, o governo dos EAU decidiu criar em 2016 o Ministério da Felicidade e Bem-Estar. Não estamos falando daquela felicidade subjetiva da psicologia, filosofia ou religião. A felicidade aqui tem parâmetros de medição bem concretos e agentes públicos supertreinados para medir e, principalmente, promover a tal felicidade.

Para aprender e desenvolver as habilidades necessárias para realizar os objetivos do Programa Nacional de Felicidade e Bem-Estar, os agentes públicos são enviados para formação na Universidade da Califórnia, nos EUA, e para a Universidade de Oxford, na Inglaterra. A formação consiste em cinco pilares: a Ciência da Felicidade e da Positividade; a Atenção Plena; Coordenando uma Equipe Feliz; Felicidade e Políticas no Trabalho do Governo; e Medindo a Felicidade.

O projeto foi pensado nos mínimos detalhes: um portal na web e até um manual oficial da felicidade foram criados para orientar os cidadãos. Outro ponto interessante foi a escolha do ministro da pasta. Entendendo que necessitava promover também a igualdade de gênero em seu governo, o presidente Sheik Khalifa bin Zayed optou por ter uma mulher no cargo: a jovem ministra Al Roumi.

Seguindo a política nacional, Dubai foi o primeiro dos Emirados a colocar nas ruas o programa da felicidade, como parte do seu projeto Smart Dubai e do plano Dubai 2021. O plano aborda o ambiente urbano, incluindo ativos naturais e construídos, e analisa a experiência de vida das pessoas de Dubai e seus visitantes, como resultado de sua interação com esse ambiente e os serviços econômicos e sociais prestados. Além disso, o plano também se concentra na economia, que é o motor de desenvolvimento da cidade e seu combustível para o futuro.

Dubai quer ser considerada, até 2021, a cidade mais feliz do mundo – um grande desafio para um lugar com aproximadamente três milhões de habitantes de mais de 200 nacionalidades.

A felicidade ganhou bastante atenção na última década e está se tornando um tema relevante no mundo inteiro. As Nações Unidas publicam anualmente um relatório chamado World Happiness Report, que leva em consideração índices como renda *per capita*, suporte social oferecido pelo governo, expectativa de vida, liberdade para fazer escolhas pessoais, generosidade e a percepção de corrupção, entre outros.

Em 2018 foram 156 países listados, com uma análise dos resultados coletados entre 2015 e 2017. Em primeiro lugar está a Finlândia, com 7.632 pontos, seguida pelos vizinhos nórdicos Noruega, Dinamarca e Islândia. Os EAU já aparecem em 20º lugar, com 6.774 pontos. O Brasil, em 28º lugar (6.419 pontos), perde na América Latina para Costa Rica (13º), México (24º), Chile (25º) e Panamá (27º).

Parece que estamos entrando na era em que os governos passam a se preocupar mais com a felicidade da população. Esperamos que esses indicadores sociais não fiquem somente nas estatísticas oficiais, mas que se reflitam em uma melhor qualidade de vida nas nossas cidades. Isso sim seria tornar nossas cidades mais inteligentes!

Este texto foi originalmente publicado no blog Cidades Mais Inteligentes, de Tilt.

Acesso direto:

A CIDADE STARTUP

Made in London: quando a diversidade cultural vira uma vantagem competitiva

Do que as pessoas mais sentem falta quando escolhem viver ou trabalhar em uma metrópole? Londres tem uma população de 8,5 milhões de pessoas – mais ou menos como o Rio de Janeiro e a maior em toda a União Europeia (pelo menos até quando o Reino Unido continuar no bloco) – e é uma das cidades com a maior diversidade étnica no mundo. Essa pode ser considerada uma grande riqueza para a cidade, mas também a causa de diversos problemas. O Brexit que o diga!

Londres possui uma economia próspera e é um dos ambientes culturais mais ricos do mundo. Apesar de tudo isso, muitos londrinos sentem falta de conexão com sua própria cidade. Eles não só sentem que não fazem parte da cidade, mas também não sentem que a cidade pertence a eles.

Durante uma das minhas temporadas em Londres, produzi, em parceria com o diretor (e grande amigo) **Micael Langer,** um documentário bem legal chamado **Making London Small** (Tornando Londres Pequena), que mostra como iniciativas de cidades inteligentes podem unir os principais *stakeholders* urbanos, principalmente os cidadãos, para abordar questões que dizem respeito ao dia a dia de uma metrópole.

O ponto que gostaria de abordar é a importância de restaurar o envolvimento do cidadão, o seu verdadeiro sentimento de pertencimento ao ecossistema urbano. Nas metrópoles, as pessoas acabam perdendo aquele contato mais próximo de vizinhança, como temos nas cidades do interior, e isso não ajuda em nada o processo de harmonização e integração social.

Projetos de *Smart Cities* não são somente para grandes cidades. Eles podem (e devem) ser implementados também em cidades pequenas, levando o "ar de modernidade" para esses municípios. Aqui, temos o oposto: projetos que ajudam megalópoles como Londres a resgatar aquele fantástico e acolhedor ambiente de cidade do interior.

No final do vídeo fica uma grande reflexão do meu colega Froi Lagaspi, um reconhecido líder comunitário londrino: **"Se você não está na mesa com os tomadores de decisão (os políticos), você provavelmente está no menu"**.

Este texto foi originalmente publicado no blog Cidades Mais Inteligentes, de Tilt.

Acesso direto:

A CIDADE STARTUP

Feliz 2029! Você está pronto para zerar tudo, de novo, e recomeçar?

4 EDUCAÇÃO DE QUALIDADE

11 CIDADES E COMUNIDADES SUSTENTÁVEIS

Antes de tudo, desejo feliz ano novo (2020) de coração. Espero que este seja um período de mudanças profundas e positivas em nosso país e que isso, claro, se reflita em uma melhor qualidade de vida para todos.

Quanto ao título, é isso mesmo: vamos falar sobre 2029, até porque 2020 já está aqui e não temos mais tempo para nos prepararmos, certo? Há pouco tempo, li o maravilhoso "*21 Lessons For the 21st Century*", de Yuval Noah Harari (também autor de *Sapiens* e *Homo Deus*). Uma das 21 dimensões exploradas pelo autor é a educação. O livro veio reforçar minhas teorias sobre a evolução da educação e o seu papel fundamental na preparação de crianças para o futuro. Uma inquietude pessoal, não somente como pesquisador, mas principalmente como pai.

Lembro bem de uma calorosa discussão que tive com minha esposa em 2016, ao chegar de uma viagem a Dubai em que visitei um projeto local da Apple para educação infantil. Naquele ano entrava em vigor na Finlândia uma nova e polêmica diretriz nacional de educação: a Finlândia tornou-se um dos primeiros países no mundo a abolir a escrita manual cursiva do currículo escolar obrigatório. Isso mesmo: as crianças naquele país não aprendem mais a escrever as famosas "letrinhas de mão juntas". Na verdade, a ideia é focar não somente na letra de forma, mas principalmente nas habilidades de digitação. Mil argumentos a favor e outros dois mil contra: o tema gera polêmica até hoje aqui em casa.

A pergunta por trás disso é: estamos realmente preparando nossos filhos da geração Alpha (nascidos a partir de 2010) para o mercado de trabalho de 2030? Que tipo de educação ajudaria essas crianças a prosperar até o próximo século? Segundo o Prof. Harari, para que as crianças do século XXI floresçam e se tornem adultos capazes, precisamos repensar radicalmente nosso sistema de ensino. Em outras palavras: as escolas que nos trouxeram até aqui não nos levarão até lá. Bingo!

Mas isso é relativamente fácil: bastaria aprender programação avançada e chinês mandarim e nossos filhos teriam um futuro garantido. Certo? Errado! Ao pensar em 2030, temos de retornar às ondas da Inteligência Artificial e nos perguntar quais competências humanas ela substituirá. Nem precisa ir muito longe para imaginar que logo uma AI será capaz de programar um algoritmo complexo bem mais rápido e eficientemente do que um ser humano. Também não é difícil prever que ferramentas como o Google Translator atingirão um estágio avançado, no qual a comunicação em qualquer idioma não será mais uma barreira.

Portanto, provavelmente a resposta não está em qual disciplina seu filho deve aprender na escola, mas sim quais habilidades ele deverá ser estimulado a desenvolver. Todo o nosso sistema educacional está focado na premissa central, quase milenar, de acumular informação. Isso fazia muito sentido no passado, porque a informação tendia a ser muito escassa, não só pela ausência de meios de comunicação em massa, mas também porque as informações que existiam eram regularmente sujeitas a censura. Em muitos países, havia pouco material de leitura disponível, principalmente nas ex-colônias europeias.

Consequentemente, quando o sistema escolar moderno foi desenvolvido, com seu foco em transmitir os fatos essenciais da História, Geografia e Biologia, representou uma grande melhoria para a maioria das pessoas comuns. Mas será que ainda funciona?

As condições de vida são muito diferentes no século XXI e nossos sistemas educacionais estão irremediavelmente antiquados. Em função da internet e da hiperconectividade, a informação está ao alcance de todos em um só clique. Pessoas de todo o mundo têm acesso a qualquer informação 24 horas por dia, 7 dias por semana. Basta ter tempo e vontade e qualquer um consegue ir, online, da alfabetização a um doutorado sem precisar sair de casa.

Está claro, então, que dados e informações não deveriam ser o ponto focal das nossas escolas. O problema para o homem moderno não é mais a escassez de informação, mas toda a desinformação que agora existe. As crianças do século XXI precisam aprender como compreender as vastas quantidades de informação que as bombardeiam diariamente e ter a capacidade de avaliar sua veracidade e relevância dentro de um contexto. Mas será que aprendem isso nas escolas?

O que deveria ser ensinado, então? Muitos pedagogos e especialistas em educação defendem a migração da escola tradicional para o modelo dos 4 Cs: pensamento *crítico*, *comunicação*, *colaboração* e *criatividade*. De maneira geral, a ideia seria diminuir o foco em uma educação mais tecnicista, migrando para uma educação baseada em propósitos de vida. A principal habilidade trabalhada nas escolas deveria ser a resiliência, ou seja, a capacidade de lidar com mudanças, de aprender sempre coisas novas e de preservar o autocontrole e o equilíbrio mental diante de mudanças inesperadas.

A ideia de que nossa vida se divide em duas fases – aprendizado (infância e adolescência) e trabalho (resto da vida) – ficou para trás e precisamos urgentemente repensar o conceito tradicional, para não dizer antiquado, da educação. Escolas com salas padronizadas e carteiras alinhadas simetricamente, onde crianças, todas nascidas no mesmo ano, passam pelo menos quatro horas por dia recebendo informações sobre o passado, de forma linear e impessoal, certamente não formará cidadãos flexíveis e competitivos para o futuro incerto que nos espera.

Em virtude da frenética evolução tecnológica, não podemos prever com exatidão o que estará por vir nos próximos cinco ou 10 anos e quais serão as profissões mais requisitadas. Mas posso afirmar, com certeza, que tudo será muito diferente da realidade que temos hoje. Então, para nos mantermos econômica e socialmente competitivos (e isso serve também para nossos filhos e netos) os conceitos-chave nas próximas décadas serão *aprendizado contínuo*, *adaptação* e *reinvenção* constante de nós mesmos.

Este texto foi originalmente publicado no blog Cidades Mais Inteligentes, de Tilt.

Acesso direto:

6

CITY SMARTUP

A CIDADE **STARTUP**

A CIDADE STARTUP

City Smartup – vamos criar Cidades Mais Inteligentes

Uma nova era de Cidades Mais Inteligentes está a caminho. Ela se apoia no uso de tecnologia, mas esse não é o ponto principal. O desenvolvimento de *Smart Cities* é, acima de tudo, uma mudança cultural, tanto na gestão pública quanto na participação dos *stakeholders* nesse processo.

Em um mundo de cidades conectadas, informação global e recursos limitados para investimento, as cidades precisam determinar uma rota de desenvolvimento. Esse caminho para a criação de espaços nos quais as pessoas vivam melhor exige repensar as cidades seguindo quatro passos que tomam emprestados conceitos de empreendedorismo e inovação típicos das *startups*. Foco, simplicidade, parcerias e envolvimento estão na base dos projetos bem-sucedidos de cidades inteligentes em todo o mundo.

Este capítulo trata do que chamo de *City Smartup*: a conexão das cidades inteligentes com o mundo das *startups*. Entendo que esse seja um caminho eficiente para o desenvolvimento de soluções que melhoram a vida dos cidadãos e fazem com que o espaço público seja percebido pelas pessoas como um espaço de todos. Como veremos nos próximos textos, em todo o mundo existem exemplos de cidades que têm utilizado esses princípios e obtidos resultados relevantes.

Vale a pena conhecer e aplicar à sua cidade. Boa leitura!

City SmartUp: a nova era de cidades mais inteligentes

9 INDÚSTRIA, INOVAÇÃO E INFRAESTRUTURA **11** CIDADES E COMUNIDADES SUSTENTÁVEIS **12** CONSUMO E PRODUÇÃO RESPONSÁVEIS **17** PARCERIAS E MEIOS DE IMPLEMENTAÇÃO

Em 2003, um município do interior, com somente 1.700 habitantes, viu-se à frente de um grande desafio: o governo do país, preocupado com as consequências negativas para o ambiente, decidiu proibir a queima de lixo ao ar livre. A partir daquele momento, o lixo urbano teria de ser descartado em incineradores padronizados. A cidade, que não dispunha dos recursos financeiros necessários para a construção do incinerador, estava diante de um grande dilema: não tinha como financiar a obra de infraestrutura necessária para processar todo o lixo produzido no município, mas também não podia deixar de cumprir uma nova legislação nacional.

Analisando bem o problema e as opções, a solução foi mais simples e óbvia do que parecia: se não é possível comprar o incinerador, por que não reduzir a produção de lixo urbano? Uma grande mobilização política foi feita na cidade para conscientizar e engajar os cidadãos nessa difícil missão, e o resultado foi muito além do esperado. Quinze anos depois da iniciativa, a pequena cidade de Kamikatzu, no Japão, está reutilizando e/ou reciclando mais de 80% de todo o lixo produzido. A cidade espera ser, em 2020, a primeira do mundo com zero produção de lixo.

Essa é uma história real que poderia ter acontecido em qualquer lugar do mundo, inclusive no interior do Brasil. Kamikatzu é uma das referências mais importantes para a compreensão do conceito de cidades inteligentes, exatamente por não ter nada a ver com

A CIDADE STARTUP

tecnologia. Pelo contrário: foi exatamente a não utilização de tecnologia de ponta que promoveu a disrupção.

Os problemas enfrentados pelas cidades são semelhantes em todo o mundo e muitas das soluções são simples e acessíveis a qualquer orçamento municipal. Elas devem, necessariamente, passar por uma ampla discussão com a sociedade, envolvendo um processo de cocriação. É exatamente por esse caminho que podemos tornar as nossas cidades mais inteligentes.

Smart City não é apenas o espaço geográfico. O conceito se refere, sobretudo, a uma mudança na mentalidade da sociedade, que vai da classe política aos cidadãos. A minha definição "romântica" para o termo é: "cidades inteligentes são lugares desenhados à mão onde tudo parece conspirar para fazer a nossa vida melhor".

Esse conceito de cidade inteligente não é novo. Ele nasceu no início dos anos 80, principalmente nos Estados Unidos, com o uso de tecnologia na busca sistemática para solucionar, ou pelo menos minimizar, os principais problemas urbanos. Ao longo desses quase 40 anos, houve uma grande aceleração no processo de urbanização global. Segundo a ONU, saltamos de uma taxa de 39,28% da população mundial vivendo em cidades, em 1980, para 54% em 2017. No Brasil, os números relacionados ao mesmo período são ainda mais impressionantes: de acordo com o IBGE, o país tinha 66% de sua população nos centros urbanos. Em 2020, esse índice chegará a surpreendentes 90%.

O rápido crescimento da população nas cidades – e consequente êxodo das áreas rurais – tem consequências para a sociedade. Os primeiros reflexos são sentidos nos chamados problemas urbanos. Alguns números globais ilustram bem essa questão: somente nos Estados Unidos, estima-se que US$ 121 bilhões sejam desperdiçados anualmente com engarrafamentos; na área da saúde, segundo estudos da empresa *The Lancet*, 95% da população mundial têm pelo menos um tipo de enfermidade. Os desafios das cidades não param por aí: os números da Unicef indicam que, atualmente, 61 milhões de crianças entre 6 e 11 anos não têm acesso ao sistema escolar. E, como se pode imaginar, as soluções não consistem somente em construir mais estradas, hospitais e escolas.

A complexidade e a dimensão desses problemas têm impulsionado a evolução do conceito de cidades inteligentes. Se, na década de 1980, todos os projetos eram de base 100% tecnológica, atualmente o foco no cidadão e no aumento da qualidade de vida nas cidades são – ou deveriam ser – os pilares desse processo.

É então que entra um conceito que venho desenvolvendo e implementando nos últimos três anos: *City SmartUp*. Muito mais que um mero jogo de palavras, ele é a união de dois conceitos: cidades inteligentes e *Startups*. Na prática, trata-se de repensar as cidades seguindo quatro passos fundamentados nos princípios de empreendedorismo e inovação que encontramos na gestão de *startups*. São eles: focar no DNA da cidade; cultivar a simplicidade; buscar parceiros; e fomentar as parcerias público-privadas com pessoas (PPPPs).

Você está pronto para começar a tornar a sua cidade mais inteligente? No próximo texto, vamos discutir um pouco sobre o DNA da cidade e a sua importância no processo de repensar as soluções urbanas. *Let's SmartUp*!

Este texto foi originalmente publicado no blog Cidades Mais Inteligentes, de Tilt.

Acesso direto:

A CIDADE STARTUP

Você conseguiria me vender sua cidade em 5 minutos?

| 11 CIDADES E COMUNIDADES SUSTENTÁVEIS | 16 PAZ, JUSTIÇA E INSTITUIÇÕES EFICAZES | 17 PARCERIAS E MEIOS DE IMPLEMENTAÇÃO |

Imagine o desafio de construir uma nova cidade do zero – da primeira pedra ao último morador, tudo planejado nos mínimos detalhes. E tem mais: o objetivo é criar a "cidade do futuro". Passada a excitação inicial com a proposta, a primeira pergunta inevitável invade nossas mentes: de qual orçamento que vamos dispor para essa agradável missão? Relaxe: R$ 130 bilhões já reservados para os próximos 15 anos a fim de garantir uma execução milimetricamente precisa.

Se você não se encaixa no perfil de político ou urbanista para pensar em uma cidade nova, temos um lugar para você também nesta história. Imagine receber o convite para viver em uma cidade cheirando a nova. Apartamentos 100% conectados, não apenas online, mas também a uma rede local, na qual seus filhos poderiam ter aulas de inglês ou você poderia aprender, com sua vizinha, aquela receita especial de família, tudo por videoconferência. Sistema a vácuo de coleta de lixo diretamente da sua casa. Ruas amplas e pensadas para uma mobilidade urbana perfeita. Quarenta por cento da nova cidade harmonicamente cobertos por áreas verdes. Todos os serviços públicos totalmente digitalizados e disponíveis 24h no seu celular.

E ainda mais: um lugar onde todas as empresas internacionais teriam 100% de isenção de impostos. O *pitch* desta cidade parece perfeito, concorda? Seria o lugar dos sonhos de muita gente. Uma verdadeira cidade inteligente, não acha? Essa cidade existe e está quase pronta, mas, depois de 16 anos do início de sua construção, ainda não ocupa o posto de paraíso na Terra. E, pior: muita gente provavelmente ainda nem ouviu falar dela.

Songdo, a utópica cidade futurística planejada da Coreia do Sul, começou a ser construída em 2002. Distante 40 quilômetros da capital Seul, a cidade foi construída em uma área de 600 hectares, com um plano urbanístico de dar inveja a qualquer cidade madura. Ela foi planejada para receber mais de 300 mil pessoas. O ano de 2015 havia sido a data inicial fixada para que esse projeto estivesse 100% operacional. Essa previsão foi estendida para 2018 e, mais recentemente, para 2022. Em pleno coração da Ásia rica, a cidade conta atualmente com somente 70 mil habitantes e luta incansavelmente para atrair mais pessoas e empresas.

Dinheiro público abundante, vontade política, investidores privados, perfeição no planejamento e na execução. Com todos esses atributos positivos, o que deu errado com Songdo? Na verdade, esse não é o único projeto de nova cidade ou urbanização tipo *greenfield* que está sofrendo para decolar. Masdar, nos Emirados Árabes Unidos; *King Abdulah District*, na Arábia Saudita; e algumas outras na China são exemplos de cidades-futurísticas-fantasmas. Você sabe o que todas elas têm em comum? **Elas não têm um DNA**!

Por terem sido pensadas no papel e criadas do zero, elas não têm história. Não há vínculos entre seus recém-chegados cidadãos. Vizinhos não cresceram juntos nem frequentaram a mesma escola. As pessoas podem decidir mudar de cidade por incentivos financeiros, por mais oportunidades ou por menos violência. Mas, na verdade, o que elas realmente buscam é simplesmente algo que não estão encontrando em sua cidade natal. Bastaria um simples sinal de melhora, uma ponta de esperança, e elas não migrariam.

De forma geral, as pessoas têm uma profunda conexão com a sua cidade, muito mais do que com o seu estado, região ou país. Acredite, os cidadãos não querem novas cidades, e sim viver melhor onde estão hoje. A legítima cidadania, do pagamento de impostos ao exercício pleno da democracia, acontece nos limites geográficos dos municípios. Por isso, as cidades estão ganhando cada vez mais protagonismo no cenário mundial. Estamos vivenciando um fenômeno que vários autores estão chamando de a *Nova Era das Cidades-Estados*. E é só o começo.

Em 2020, o mercado de cidades inteligentes deverá movimentar R$ 1,3 trilhão, segundo a empresa britânica de consultoria Arup. Mobilidade, energia, saneamento, educação e saúde estão ganhando cada vez mais protagonismo e atenção dos investidores privados. Estamos vivendo um ciclo muito favorável para a atração de investimentos aos projetos urbanos. A necessidade de atenuar os problemas urbanos e a forte influência da nova economia compartilhada têm impulsionado esse "*momentum* de cocriação" de cidades melhores. Não podemos perder essa oportunidade.

  O primeiro princípio do conceito **SmartUp** é o que chamamos de *City Pitch*. Trata-se de um olhar para dentro da cidade. Consiste em fazer uma reflexão profunda sobre a história de sua cidade, como a sua cidade se percebe e como ela é percebida. Decifrar e entender profundamente o DNA da cidade, compreendendo como ele influencia seu potencial e vocação de forma direta, é fundamental para começarmos a planejar os projetos de cidades inteligentes.

  Esse exercício deve ser feito envolvendo o poder público, a iniciativa privada, as universidades, o Terceiro Setor e, principalmente, os cidadãos. Uma das metodologias de sucesso para esse processo, que está sendo atualmente testada na Europa, se chama *Marketing Thinking*. Consiste na aplicação do *design thinking*, ferramenta de solução de problemas criada no universo do *design*, aliada a modernas ferramentas de marketing, para construir, de forma criativa e conjunta, uma narrativa nova e eficiente para as cidades "se venderem".

  O Brasil não está fora deste jogo. Pelo contrário: nossa alta taxa de urbanização, a solidez de nossa democracia e o robusto mercado consumidor que temos em nossas cidades nos proporcionam uma grande vantagem competitiva para a atração de investidores. Pensando como uma *startup*, o nosso objetivo neste primeiro passo é criar o nosso *City Pitch*. Uma apresentação sucinta e impactante para atrair investimentos para nossos projetos urbanos. Se conseguirmos incorporar o DNA de nossa cidade a uma boa apresentação, não faltarão interessados em investir!

  Você percebeu que já começamos a tornar a sua cidade mais inteligente? No próximo texto, vamos discutir a importância do segundo princípio do conceito *SmartUp*: **Keep it Simple**. Entenderemos como projetos simples, com baixos custos e alto impacto social, são fundamentais no nosso planejamento de cidades inteligentes. *Let's SmartUp*!

Este texto foi originalmente publicado no blog Cidades Mais Inteligentes, de Tilt.

Acesso direto:

A CIDADE STARTUP

É possível uma cidade inteligente com baixo orçamento?

9 INDÚSTRIA, INOVAÇÃO E INFRAESTRUTURA   **11** CIDADES E COMUNIDADES SUSTENTÁVEIS   **16** PAZ, JUSTIÇA E INSTITUIÇÕES EFICAZES   **17** PARCERIAS E MEIOS DE IMPLEMENTAÇÃO

Tenho uma boa notícia: você acaba de ser nomeado Secretário de Desenvolvimento de nossa cidade candidata a inteligente. Sua tarefa é encontrar novas tecnologias para resolver os problemas dela. Um grande desafio, já que ela tem pouco mais de 250 mil habitantes, está a 500 km da capital do Estado e a quase 2.000 km da capital federal. Ela está localizada em uma região semiárida, tem muitas dificuldades econômicas e, também, uma grande desigualdade social. Mas você gosta de uma boa briga, certo?

Seu primeiro ato como secretário foi buscar ajuda externa para organizar suas ideias e formatar seus projetos. Com tudo pronto para sua grande reunião com o prefeito e demais colegas, começam os problemas. Ou melhor: novos problemas. Uma grande chuva, considerada uma riqueza na região (e que, portanto, deveria ser recebida com festa), acaba causando grandes estragos. Ruas alagadas, casas debaixo d'água e, claro, grande parte da população descontente. Com o prefeito nas ruas tentando minimizar o problema, você inicia a reunião:

"O que podemos fazer, a curto prazo, para nos antecíparmos a problemas como esse e conseguirmos reduzir os seus efeitos?", você pergunta ao consultor.

"Fácil", ele responde. "Sensores e Inteligência Artificial podem nos ajudar. Eles podem não somente alertar sobre potenciais riscos de inundação, mas também prever quando isso pode acontecer".

Antes de ouvir a explicação completa, imagens começam a saltar nos seus pensamentos: sensores digitais, rede *Wi-Fi* tipo *mesh*, tecnologia Sigfox para comunicação, um centro de operações e controle de última geração e..., inevitavelmente, os números apertados do orçamento municipal começam a apagar todo o brilho, alertando que não há, nem provavelmente haverá, verba e vontade política para fazer isso! E, sem querer jogar um balde de água fria na empolgação do consultor e acabar com a reunião que mal havia iniciado, você tenta gentilmente explicar a situação. Sereno, o consultor te questiona:

"Mas quem falou até agora em digitalização ou infraestrutura? Após décadas sofrendo com o mesmo problema, todos já sabem aonde vai inundar e, provavelmente, quando vai chover. O que você precisa é criar uma rede eficiente de comunicação e alertas. A infraestrutura de comunicação já existe, está testada e não custa nada, uma vez que os cidadãos, quase sem exceção, possuem um celular e estão conectados à internet. O que estou propondo aqui não é digitalizar sua cidade colocando sensores. O que quero é humanizar a tecnologia. Aqui podemos usar os próprios cidadãos como sensores, sensores humanos, e essa grande experiência coletiva no lugar de Inteligência Artificial", conclui.

A oportunidade aqui está no fato de que aquele cidadão que tem a casa sempre inundada com as chuvas é o primeiro a perceber o problema e o maior prejudicado. Seguramente, ele funcionará melhor do que um sensor para alertar o sistema, pois seu interesse é pessoal. Além disso, a informação gerada por ele pode ser muito mais completa e relevante que o simples acionamento automático de um sensor.

As possibilidades de aplicação do conceito de cidadãos-sensores são infinitas. Luzes queimadas nas ruas, latas de lixo cheias, buracos, má manutenção dos ativos públicos.... A lista é do tamanho da sua imaginação e dos seus problemas. Perceba que o principal benefício nem é a melhoria funcional do lugar onde vivem (o que já seria muito bom), e sim o engajamento da sociedade para a cocriação de uma cidade melhor e uma gradual mudança de mentalidade. Nesse processo de comprometimento coletivo, acabamos nos dando conta de que nós, cidadãos, mais que vítimas dos problemas urbanos, somos muitas vezes parte da causa deles.

Muitos de vocês já devem estar familiarizados com o termo Internet das Coisas (IoT, na sigla em inglês). IoT consiste em uma complexa rede global interligada que atingirá o impressionante número de 50 bilhões de conexões já agora em 2020. Essa revolução não para por aí. Está nascendo um conceito ainda mais abrangente, que estamos chamando de *Internet of Everything* (IoE), ou internet de tudo. Pessoas se comunicando com pessoas; pessoas conectadas com máquinas; máquinas com pessoas e, por fim, máquinas com máquinas, tudo em um ciclo contínuo e interdependente de comunicação para solução de problemas e realização de tarefas.

O mundo está ficando, sim, mais complexo. Entretanto, isto não significa que as nossas soluções não devam ser simples. A clareza em analisar os problemas e a objetividade em desenvolver as soluções são as chaves do sucesso nesse segundo princípio do conceito *City SmartUp: Keep It Simple*!

Como as histórias de Kamikatzu, no Japão, e Songdo, na Coreia do Sul, essa também é uma história verdadeira. Aconteceu durante uma cooperação com Juazeiro do Norte, uma joia encravada no coração do Cariri Cearense. A cidade virou *case* mundial em pouco mais de três meses. Tudo simples e rápido, em um processo dinâmico focado em menos planejamento e mais execução, como dita a cartilha das *startups*.

Esse protagonismo de Juazeiro do Norte certamente irá facilitar muito na sua prospecção de parceiros e potenciais investidores. Esse é exatamente o terceiro princípio de *City SmartUp*, que iremos discutir no próximo texto. Cidade inteligente não é um destino, mas sim uma jornada. *Let's SmartUp*!

Este texto foi originalmente publicado no blog Cidades Mais Inteligentes, de Tilt.

Acesso direto:

Encontre os parceiros certos para o seu projeto

9 INDÚSTRIA, INOVAÇÃO E INFRAESTRUTURA
11 CIDADES E COMUNIDADES SUSTENTÁVEIS
17 PARCERIAS E MEIOS DE IMPLEMENTAÇÃO

Este texto nos leva de volta à minha cidade natal: a bela e sofrida Cidade Maravilhosa. O ano é 2012, e estamos no auge do seu último milagre econômico. Além dos *royalties* do petróleo, a cidade vive um período de preparação para uma sequência de eventos importantes, sem precedentes na história – iniciando em julho de 2013 com a Jornada Mundial da Juventude, incluindo a ilustre presença do Papa Francisco; passando pela Copa do Mundo de 2014; e terminando com os Jogos Olímpicos de 2016.

Naquele momento, o Rio já contava como uma clara orientação para projetos de cidades inteligentes. Era uma das poucas cidades da época com a figura do *City Digital Officer* (CDO) em seu quadro executivo. Uma espécie de Secretário de Tecnologia, mas com um forte perfil executivo. Um profissional de mercado, não de carreira exclusivamente política. No processo de planejamento dos eventos, ficou claro que um dos grandes desafios seria a gestão do imenso volume de pessoas (residentes e turistas) que estariam na cidade para os eventos. Os reflexos para a mobilidade da cidade – incluindo trânsito e transportes públicos – e a segurança nas ruas eram os principais desafios.

Seguindo os *cases* de sucesso de outras grandes metrópoles, como Nova York, Moscou, Londres e Tóquio, o governo carioca decidiu que era hora de a cidade ter um centro de operações e comando. A IBM foi selecionada com a proposta de instalar um projeto que seria uma referência mundial no setor: o *Rio Operation Center*.

A CIDADE STARTUP

Localizado no coração da cidade, o centro de operações foi inaugurado para o réveillon de 2010. Atualmente, abriga 30 agências de serviços municipais, da Guarda Civil ao fornecimento de água, totalizando mais de 500 profissionais trabalhando 24 horas por dia em três turnos. Toda informação relevante fica concentrada em um megapainel digital de 65 m². Tudo parecia perfeito até que, ao ligar a "chave", a equipe técnica do projeto se deu conta de que a cidade possuía pouco menos de mil câmeras nas ruas. Para dar uma ideia de dimensões, a cidade com o maior circuito de câmeras de segurança e trânsito da Europa Ocidental é Londres, com mais de 16 mil câmeras. O que ainda não é nada se compararmos com Moscou e suas inacreditáveis 140 mil câmeras conectadas, o que poderia render à cidade o carinhoso apelido de "*big brother city*".

Problema diagnosticado, metade do caminho andado, certo? Sim e não! Seguindo a lógica linear, se o problema é o número de câmeras, é só instalar mais! Considerando toda a infraestrutura necessária na época para circuitos fechados de monitoramento, o investimento do município seria maior que o realizado para construir o centro de operações. Isso somente para dobrar o número de câmeras, o que ainda não resolveria, nem de perto, o problema.

O protagonista dessa história, Pedro Perácio, o CDO do Rio, embarcou para os Estados Unidos em busca de soluções e parcerias. Da reunião com o CEO da Waze, na época uma emergente *startup* israelense que acabava de se instalar no Vale, nasceu, em 2013, uma das parceiras mais bem-sucedidas da história das *Smart Cities*. O *app* da empresa já era bastante popular no Rio naquela época, porém utilizado principalmente para alertar os amigos sobre as operações policiais da Lei Seca.

O Waze foi convidado para cocriar com a cidade usando seus dados coletados em tempo real. Do dia para a noite, a solitária metrópole de poucas câmeras passou a contar com quase um milhão de cidadãos conectados, enviando informações de trânsito e fotos em tempo real. Atualmente, o Waze recebe mensalmente quase 1,5 milhão de *reports* de seus usuários. O Rio ainda continua com um número considerado baixo de câmeras (pouco mais de 1.200), mas com um sistema de gestão de trânsito supereficiente. E com um grande benefício: os dados e informações gerados por pessoas podem ter mais qualidade que os gerados por máquinas. Além, claro, de gerar engajamento social.

Esse é o tipo de relação que chamamos *win-win*. Sem altos custos de implementação, esse tipo de parceria costuma trazer grandes benefícios para todos os envolvidos. A cidade, praticamente a custo zero, resolveu, de forma simples e participativa, um problema complexo, que envolveria altos investimentos em infraestrutura. Os usuários (cidadãos), além de contribuirem para uma cidade melhor, passaram a receber informações e alertas em tempo real da prefeitura. E, por fim, o Waze usou o projeto-piloto para desenvolver uma solução universal baseada em dados que eles já possuíam.

Simplicidade foi a palavra de ordem do texto anterior, no qual fizemos uma viagem até Juazeiro do Norte. Agora, depois da nossa imersão no caso do Rio, gostaria de deixar com vocês a palavra *parceria*! Antes de perguntar qual o orçamento da sua cidade para fazer projetos de cidades inteligentes, identifique que oportunidades ela pode oferecer para atrair parceiros estratégicos globais. E isso vai muito além do tamanho da cidade. Na verdade, existem muito mais cidades pequenas no mundo que grandes metrópoles. Isso quer dizer que as soluções para resolver problemas de pequenas cidades podem ter muito mais valor comercial para empresas globais do que imaginamos.

Em nosso próximo texto, vamos discutir o novo conceito de PPPP: parceiras público-privadas com pessoas. Como elevar o cidadão a um novo nível de participação no processo de decisão e implementação de políticas públicas. *Let's SmartUp*!

Este texto foi originalmente publicado no blog Cidades Mais Inteligentes, de Tilt.

Acesso direto:

A CIDADE STARTUP

A cidade que fez "vaquinha" por câmeras de segurança superinteligentes

9 INDÚSTRIA, INOVAÇÃO E INFRAESTRUTURA **11** CIDADES E COMUNIDADES SUSTENTÁVEIS **16** PAZ, JUSTIÇA E INSTITUIÇÕES EFICAZES **17** PARCERIAS E MEIOS DE IMPLEMENTAÇÃO

Nossa última escala nessa viagem rumo a cidades mais inteligentes nos leva à Europa. Depois de passar pelo Japão, Juazeiro do Norte e Rio de Janeiro, desembarcamos em Bastia di Rovolon, uma pequena cidade do nordeste italiano, distante 50 km de Veneza. Com um pouco mais de 4 mil habitantes, a pacata Bastia é um bom exemplo de cidade pequena na Europa em que a dependência de políticas regionais e nacionais limita muito a atuação dos governos municipais.

Estamos em um dos curtos e frios dias do inverno de 2016. O núcleo central da gestão municipal está reunido em uma assembleia extraordinária. Ambas, situação e oposição, estão mergulhadas em um caloroso debate sobre segurança pública. Com o aumento da ameaça terrorista na Europa, a cidade se encontra no dilema de investir ou não em um circuito fechado de câmeras de segurança. Estamos falando em um investimento considerável: a infraestrutura básica, como fibra ótica; os servidores robustos para armazenamento de imagens; as câmeras; uma central de monitoramento; e, claro, mão de obra especializada.

A assembleia havia sido convocada pela jovem prefeita, Maria Elena Sinigalia, para anunciar boas notícias. Ela havia recém retornado de Roma com uma promessa de dinheiro para o sistema de monitoramento da cidade. Uma verba extra que permitiria a compra e instalação de nove câmeras. Isso mesmo: nove unidades. Por mais tranquila que seja Bastia di Rovolon, estava claro para todos que essa quantidade não seria suficiente nem para monitorar a própria prefeitura.

Como as assembleias dessa natureza são participativas (abertas aos cidadãos), surge uma sugestão no meio da discussão. Um dos moradores havia recentemente trabalhado em um projeto em Taiwan, onde conheceu uma *startup* que estava para iniciar uma aceleração no Vale do Silício. A UMBO Computer Vision havia recebido seu primeiro grande aporte de capital e já era cotada como uma promessa futura na área de Inteligência Artificial. A empresa desenvolveu um sistema que analisa imagens de câmeras em tempo real e não somente é capaz de alertar sobre situações de risco, mas também de aprender com elas.

A disrupção na solução da UMBO está na promessa de desenvolver uma segurança preditiva. Lembram-se do filme Minority Report, no qual criminosos eram presos instantes antes de cometerem o crime? A nova tecnologia da UMBO promete exatamente isso. Só que, em vez de usar pessoas videntes, como no filme, a UMBO desenvolveu um algoritmo capaz de prever quando uma situação de perigo está para acontecer. Como o monitoramento é feito em tempo real por Inteligência Artificial e câmeras conectadas à internet, não é necessário ter nenhuma supervisão humana, muito menos investimento alto em infraestrutura.

"E como vamos conseguir trazer uma tecnologia de ponta, de um futuro "unicórnio do Vale do Silício", para uma cidade agrícola do interior do Vêneto?", pergunta, cética, a prefeita.

"Eles estão buscando projetos para validar seu produto em diferentes cenários. Por que então não propomos um projeto-piloto em nossa cidade?", sugere o morador. "Eu gostaria muito de ajudar nossa cidade nesse projeto, afinal, estamos falando da segurança de nossas ruas, de nossas famílias. Seria capaz até de comprar uma câmera com dinheiro do meu bolso".

Bingo! Já no primeiro Skype com a empresa nasce uma ideia: por que não convidar os moradores da cidade a comprar câmeras externas para monitorarem as suas casas e "doarem" as imagens dos locais públicos, como ruas, praças, estacionamentos e parques, para a prefeitura? Além de terem suas casas protegidas por Inteligência

A CIDADE STARTUP

Artificial, os moradores estariam contribuindo de forma ativa para uma cidade mais segura e verdadeiramente mais inteligente. Com uma pequena mobilização, Bastia di Rovolon conseguiu mais de 300 moradores interessados em participar desse verdadeiro *crowdfunding* de segurança.

Eis um excelente exemplo do que estamos chamando de PPPPs – parcerias público-privadas com pessoas, que consiste em incluir os cidadãos no processo de criação, desenvolvimento, implementação e financiamento de concessões de serviços públicos. É importante entender que não se trata de pedir dinheiro aos cidadãos, uma vez que eles já pagam seus impostos. Pelo contrário: no caso de Bastia di Rovolon, a empresa ofereceu um super desconto para as primeiras unidades, não só pelo volume, mas principalmente pelo interesse no projeto. Se funcionasse lá, ela estaria validando um modelo de negócios milionário, baseado em vendas diretas ao consumidor, sem a necessidade de canais intermediários de distribuição e, principalmente, com o aval administrativo da cidade.

Gostaria muito que nossa história de hoje acabasse com um final feliz. Na verdade, a história não chegou ainda ao seu final. Mesmo com o projeto aprovado pela prefeitura, apoiado pela empresa e legitimado pelos cidadãos, Bastia di Rovolon ainda está lutando para contornar o problema da privacidade de dados e imagens. A Itália sofre com uma das mais complexas regulamentações do setor na Europa. E tudo ficou mais complexo com a entrada em vigor da nova política de dados chamada GDPR, que começou a valer em toda a Europa em maio de 2018.

Mesmo assim, o caso vale pelo exemplo.

As PPPPs são um claro sinal de que nossa sociedade está evoluindo para um modelo mais participativo de gestão pública. Todas as partes envolvidas – poder público, iniciativa privada, ONGs, universidades e cidadãos – devem unir forças e compartilhar as responsabilidades para fazer uma cidade melhor. Cidade inteligente não é um destino, é uma jornada. Com essas quatro ferramentas da metodologia *SmartUp*, você está equipado para trilhar esse caminho. Boa sorte!

Este texto foi originalmente publicado no blog Cidades Mais Inteligentes, de Tilt.

Acesso direto:

A CIDADE STARTUP

Lixo da Internet das Coisas desafia cidades em todo o mundo

9 INDÚSTRIA, INOVAÇÃO E INFRAESTRUTURA | **11** CIDADES E COMUNIDADES SUSTENTÁVEIS | **12** CONSUMO E PRODUÇÃO RESPONSÁVEIS | **17** PARCERIAS E MEIOS DE IMPLEMENTAÇÃO

Este texto nos leva literalmente ao outro lado do mundo. Melbourne, na Austrália, iniciou em 2014 um projeto chamado Urban Forest: uma plataforma digital de geolocalização de todas as árvores da cidade. O projeto nasce focado em três problemas principais: mudança climática, crescimento da população e aquecimento urbano. Em uma pesquisa de opinião sobre a qualidade de vida na cidade, as áreas verdes apareceram como um grande ponto positivo e um orgulho para a população local.

A prefeitura resolveu então começar a mapear as árvores para criar uma estratégia de longo prazo para a cidade. Com mais de 70 mil delas devidamente identificadas, o sistema não é somente capaz de dizer onde estão, mas também qual a espécie, a idade, o estado de saúde e quando elas, provavelmente, irão morrer. Tudo estatisticamente perfeito.

As árvores receberam, cada uma, um e-mail único, pelo qual o cidadão foi convidado a enviar informações sobre seu estado de conservação ou sobre quaisquer eventuais problemas que elas estivessem enfrentando. Não somente uma estratégia de comunicação que parecia eficiente, mas principalmente uma forma de engajar a sociedade em uma causa que era importante. E realmente foi o que aconteceu, mas não da forma esperada.

As pessoas começaram a escrever e-mails pessoais para as árvores, comentando, por exemplo, o quanto elas foram importantes na sua infância ou o quanto elas contribuíam para o bem-estar de seus filhos. Alguns deles com um tom, de certa forma, sarcástico e com críticas diretas à prefeitura. O que poderia ser interpretado como um desastre político, porém, foi muito bem recebido pela gestão local, que decidiu ir mais além. Já que as pessoas se esforçaram tanto para "se comunicar" com as suas árvores preferidas, por que não fazer com que elas respondessem diretamente aos cidadãos? Essa é, portanto, a nova fase do projeto: sensores foram instalados nas árvores para criar uma comunicação de mão-dupla com o cidadão. Uma estratégia de gamificação, como se diz na gíria tecnológica.

Esse caso mostra bem que o uso de tecnologias urbanas está crescendo de forma quase incontrolável e que a sociedade precisa começar a discutir o assunto. A conscientização do mundo quanto ao impacto ambiental do nosso lixo não é novidade. E não falo apenas do lixo genérico, como plástico, metal ou papel. Estou me referindo também a produtos funcionais específicos que são altamente poluentes.

Hoje em dia, na maioria dos países, para colocar um novo pneu no mercado, por exemplo, as empresas precisam fornecer às autoridades locais um certificado de reciclagem. Na prática, a inserção de um novo pneu no mercado implica diretamente na remoção de um antigo do meio ambiente. Nós temos três bilhões de pneus no mundo, e esse número provavelmente não aumentará tão rápido.

O conceito de economia circular também está evoluindo nas nossas cidades inteligentes e um dos principais alvos são os produtos que devem ser readaptados ou remodelados para serem reutilizados. A rápida expansão da Internet das Coisas (IoT) já é uma realidade que continuará aumentando. Até 2020, haverá mais de 50 bilhões de conexões em todo o mundo, segundo relatório da Cisco. Se não for cuidadosamente controlado, esse crescimento notável, infelizmente, pode acabar resultando em algo que estamos chamando de *IoTrash* (lixo eletrônico oriundo da Internet das Coisas), ou seja, uma enorme concentração de lixo eletrônico em nossas cidades.

O hardware da IoT dura mais do que o ciclo de vida da tecnologia. De maneira alarmante, esse desequilíbrio significa que o hardware se torna obsoleto prematuramente. Neste momento, sensores com novas tecnologias Bluetooth integradas estão sendo instalados sob e sobre as nossas ruas; suas baterias durarão de três a cinco anos, enquanto as tecnologias aplicadas provavelmente estarão desatualizadas dentro de poucos meses da instalação. Consequentemente, esses ativos poderiam ser abandonados, permanecendo sem nenhum tipo de controle. Essa falta de supervisão apresenta não só custos consideráveis e redução do ROI (retorno sobre investimentos) para o setor privado, como também um potencial risco para nossa qualidade de vida.

As cidades continuam se expandindo e os governos precisam de ajuda para gerenciar esses ativos. Hoje em dia, a maior parte do fornecimento e manutenção dos serviços públicos é licenciada a empresas privadas por meio de acordos de PPPs (parcerias público-privadas). Cresce, portanto, a necessidade de uma ferramenta eficiente para gerenciar e controlar qualquer tipo de ativo da IoT – incluindo ativos analógicos, como a iluminação pública.

Quando falamos em cidades inteligentes, é imperativo abordar três eixos principais: tecnologia aplicada, foco no cidadão e resiliência. As cidades precisam encontrar bases confiáveis para reduzir os custos e melhorar a sustentabilidade. A rastreabilidade é o ponto-chave para otimizar a implantação da nova IoT urbana a fim de aumentar a eficiência e, por fim, contribuir para o desenvolvimento de cidades autenticamente mais inteligentes.

Este texto foi originalmente publicado no blog Cidades Mais Inteligentes, de Tilt.

Acesso direto:

7

CASOS TUPINIQUINS

A CIDADE STARTUP

A CIDADE STARTUP

Casos Tupiniquins

O movimento das Cidades Mais Inteligentes tem um incrível potencial transformador sobre a vida das pessoas. Para o Brasil, ele significa a oportunidade de avançar "50 anos em 5" (como diria o ex-presidente Juscelino Kubitschek) e dar saltos tecnológicos, incorporando novas tecnologias e, principalmente, um novo *mindset* para a nossa imensa concentração urbana.

Talvez por nossa "síndrome de vira-lata" (agora é a vez de citar Nelson Rodrigues), a tendência é olharmos casos internacionais, com uma ponta de inveja por nossa incapacidade de fazer as coisas acontecerem aqui. Mas não quando se trata de *Smart Cities*! O Brasil conta, sim, com muitos casos interessantíssimos, mostrando que a mudança de mentalidade de que já falamos neste livro está presente em muitas cidades e que, sim, existe futuro para a administração pública nacional.

De norte a sul, existem vários exemplos de iniciativas que já estão obtendo sucesso na implementação de soluções para os problemas da vida urbana. Diadema, Fortaleza, Contagem, Resende e Juazeiro do Norte são apenas algumas das referências do mercado brasileiro. Vale a pena conhecer mais.

Para trazer uma experiência mais interativa, este capítulo conta com um recurso especial: vídeos em 360° farão com que você mergulhe nas imagens e sons das cidades e participe, bem de perto, de conversas com os responsáveis por alguns dos programas de *Smart Cities* mais interessantes do Brasil. Os links espalhados neste capítulo criarão uma experiência ampliada, que vai muito além da leitura dos textos.

Acesse, conheça, divirta-se e compartilhe. As Cidades Mais Inteligentes já estão acontecendo.

País do futuro? Está nascendo a primeira região supertecnológica do Brasil

Depois de ler praticamente todo este livro que mergulha no conceito e na prática das *Smart Cities* no Brasil e no mundo, é hora de avançar um pouco mais: você já ouviu falar em *Smart Region*, ou Região Inteligente? A ideia é simples de entender e, para mostrar seu potencial, vamos a um caso real, aqui no Brasil.

A Região Metropolitana do Vale do Paraíba e Litoral Norte (ou RMVale) foi criada em janeiro de 2012 e constitui uma das seis regiões metropolitanas do Estado de São Paulo. É formada pela união de 39 municípios. Devido à proximidade com a cidade de São Paulo (São José dos Campos, a principal cidade da RMVale, está localizada a menos de 100 km da capital), os municípios da região acabam sofrendo uma concorrência direta com a metrópole no que se refere à atração de investimentos públicos e privados para projetos de tecnologia.

Esse foi exatamente o mesmo problema que motivou a criação do projeto SmartCatalonia, um dos primeiros projetos mundiais de Região Inteligente, que envolve os municípios vizinhos à cidade de Barcelona. Fui até Taubaté (SP) para conversar com Rodrigo França, CEO do Instituto I.S de Desenvolvimento e Sustentabilidade Humana e um dos idealizadores do *Smart RM Vale*.

A CIDADE STARTUP

Te convido a assistir o vídeo 360º que gravamos com Rodrigo dentro da antiga Estação Ferroviária de Taubaté (Estação do Conhecimento), uma grata surpresa que não estava prevista no roteiro! Este vídeo conta com tecnologia 3D e áudio espacial, o que significa dizer que você terá a impressão de estar caminhando comigo. O vídeo pode ser assistido diretamente na tela de seu computador ou no seu smartphone. No celular, ao girar o aparelho para os lados você verá todos os ângulos, como se estivesse comigo na Estação do Conhecimento.

Se você quiser ter uma verdadeira experiência imersiva, aconselho o uso de óculos de RV e um fone de ouvido. Acesse o link pelo código abaixo e mergulhe na primeira Smart Region brasileira.

Este texto foi originalmente publicado no blog Cidades Mais Inteligentes, de Tilt.

Acesso direto:

Você já conhece a cidade brasileira escolhida a dedo pela Hyperloop?

8 TRABALHO DECENTE E CRESCIMENTO ECONÔMICO **9** INDÚSTRIA, INOVAÇÃO E INFRAESTRUTURA **11** CIDADES E COMUNIDADES SUSTENTÁVEIS **17** PARCERIAS E MEIOS DE IMPLEMENTAÇÃO

O próximo vídeo 360° nos leva à bela cidade de Contagem, na região metropolitana de Belo Horizonte. Vamos visitar o projeto do Centro Global de Inovação e Logísticada Hyperloop. Único na América Latina, trata-se de um dos mais avançados centros de pesquisa para transporte do futuro. Mais perto que você poderia imaginar!

No capítulo Mudança de Mentalidade, falamos sobre essa proposta arrojada de transporte do futuro de Elon Musk. Em abril de 2018, a prefeitura da cidade fechou uma parceria com a Hyperloop Transportation Technologies (HyperloopTT) para a instalação de um centro de pesquisa e desenvolvimento da startup multinacional no Centro de Memória do Trabalhador da Indústria. A Hyperloop pesquisou 140 países antes de escolher Contagem, em um movimento que marca a entrada da companhia no Brasil.

A escolha por Contagem foi motivada, entre outras coisas, pela vocação do município pela inovação na Indústria 4.0. O Centro Global de Inovação e Logística, como é chamada a instalação de Pesquisa & Desenvolvimento da Hyperloop, vai ser o quarto polo de P&D da empresa americana no mundo e o único dedicado ao desenvolvimento de tecnologia para o transporte de carga.

A CIDADE STARTUP

A parceria público-privada (PPP) tem investimento de cerca de R$ 26 milhões em sua primeira fase, com contribuições da Secretaria de Desenvolvimento Econômico, Ciência, Tecnologia e Ensino Superior (Sedectes), Hyperloop e outros investidores privados. A Prefeitura cedeu o Centro de Memória do Trabalhador da Indústria, espaço com 22 mil metros quadrados e 4 mil metros quadrados de área construída.

Fomos muito bem recebidos pelo subsecretário de Tecnologia da Informação e Inovação do município, Paulo Moreira, que nos contou sobre os avanços do projeto. Clique no *play* abaixo para conhecer os detalhes do projeto e ver em primeira mão e em 360° as instalações do Hyperloop Brasil! ☺

Este texto foi originalmente publicado no blog Cidades Mais Inteligentes, de Tilt.

Acesso direto:

Em busca de um lugar para testar suas inovações? BH está de portas abertas

7 ENERGIA LIMPA E ACESSÍVEL   **8** TRABALHO DECENTE E CRESCIMENTO ECONÔMICO   **9** INDÚSTRIA, INOVAÇÃO E INFRAESTRUTURA   **11** CIDADES E COMUNIDADES SUSTENTÁVEIS   **17** PARCERIAS E MEIOS DE IMPLEMENTAÇÃO

Quem acompanha o mercado sabe que Belo Horizonte possui um dos maiores ambientes tecnológicos do Brasil. Pensando nisso, fui até a capital mineira para conhecer o programa Belo Horizonte Cidade Inteligente, criado pela prefeitura da cidade para demonstrar que o poder público pode ser um importante aliado no desenvolvimento de tecnologias para a criação de cidades mais inteligentes.

Um dos pilares do programa é a Empresa de Informática e Informação do Município (Prodabel). A empresa, teve nos últimos anos, um papel fundamental em diversas ações, como a criação da Parceria Público Privada (PPP) da Iluminação, que vai substituir cerca de 185 mil lâmpadas comuns por lâmpadas de LED (33 mil delas com o sistema de Telegestão); e a criação do estacionamento rotativo digital da cidade com o uso da tecnologia Blockchain, um modelo mais eficiente, seguro e inovador.

Além disso, a Prodabel criou há cerca de dois anos um Laboratório Aberto na sua sede. É um espaço totalmente adaptado para que empresas e empreendedores tenham a oportunidade de desenvolver suas habilidades e ideias. É como se o prédio funcionasse

A CIDADE STARTUP

como uma "pequena cidade", com semáforos, câmeras, drones, sensores de estacionamento e luminárias inteligentes. Um ambiente controlado, para que as infinitas possibilidades de utilização dessas tecnologias possam ser trabalhadas e tragam soluções para desafios reais não só de Belo Horizonte, mas de todo o mundo.

Fomos até a capital mineira conversar com Leandro Garcia, diretor presidente da Prodabel. Te convido então a assistir o vídeo 360º que gravamos com Leandro sobre o laboratório de testes de novas tecnologias para a cidade. Clique no *play* abaixo para conhecer alguns dos projetos que em breve poderão estar nas ruas de sua cidade.

Este texto foi originalmente publicado no blog Cidades Mais Inteligentes, de Tilt.

Acesso direto:

Fortaleza conectada: como a Economia Criativa pode ajudar a reduzir desigualdades

Agora é a vez de Fortaleza. Fomos para lá entender como a prefeitura local está investindo na Economia Criativa para reduzir as diferenças sociais e promover o desenvolvimento econômico de uma das mais importantes cidades do Nordeste.

Localizada na Praia de Iracema, ao lado do Largo do Mincharia, a Casa da Cultura Digital de Fortaleza é um ambiente dinâmico e interativo voltado à difusão, formação e criação ligados ao universo de mídias digitais. O local abriga oficinas, cursos, encontros, mostras, maratonas, Olimpíadas, palestras e estimula a criatividade, além de trazer experiências a partir de jogos e outras atividades.

A Prefeitura de Fortaleza vem investindo muito na chamada Economia Criativa. Por isso, visitei a cidade para conhecer esse projeto superinteressante e te convido a visitá-lo comigo, assistindo ao vídeo em 360° que gravei com Cláudio Ricardo Gomes de Lima, presidente da Fundação de Ciência, Tecnologia e Inovação de Fortaleza (Citinova).

Este é um belo exemplo de como a inovação pode estar presente em cidades de todos os tamanhos. Essa é uma mudança cultural, não

A CIDADE STARTUP

uma questão de dinheiro. Clique no *play* abaixo e conheça todos os detalhes desse projeto incrível.

Este texto foi originalmente publicado no blog Cidades Mais Inteligentes, de Tilt.

Acesso direto:

Internet gratuita e mais: a cidade onde a mudança vem dos servidores

8 TRABALHO DECENTE E CRESCIMENTO ECONÔMICO **9** INDÚSTRIA, INOVAÇÃO E INFRAESTRUTURA **11** CIDADES E COMUNIDADES SUSTENTÁVEIS **17** PARCERIAS E MEIOS DE IMPLEMENTAÇÃO

Resende, no interior do Rio de Janeiro, conta com um projeto de *Smart City* que pode servir de referência a prefeituras em todo o País. No vídeo 360° deste texto, iremos até lá conversar com Márcio Silvestre, o Superintendente de Tecnologia da Informação e líder do projeto Resende Inteligente. Veremos como projetos simples, executados por uma equipe motivada de servidores municipais, pode fazer a diferença em cidades brasileiras de médio porte.

Iniciada em 2018, a instalação da fibra ótica pela Prefeitura Municipal de Resende faz parte do programa Resende Inteligente e visa ligar os prédios municipais, além de contemplar toda a cidade com internet gratuita e de qualidade. Em atividade desde o mês de dezembro daquele ano, o serviço já alcança 8 km e conta com 1.500 assinantes, que consumiram, em cerca de dois meses, 1,4 TB de banda larga. O mais bacana é que o projeto está sendo desenvolvido por uma equipe totalmente composta por servidores públicos.

Também a partir do aproveitamento dos servidores veio uma economia de R$ 2 milhões com a reavaliação de contratos. Desde então, muitos projetos vêm sendo desenvolvidos, como plataformas de ensino, portais de ouvidoria e do servidor, além da disponibilidade de resultados de exames médicos de forma online.

A CIDADE STARTUP

Te convido a visitar o projeto comigo, neste vídeo 360°. Clique no *play* abaixo e conheça todos os detalhes do projeto.

Este texto foi originalmente publicado no blog Cidades Mais Inteligentes, de Tilt.

Acesso direto:

Conheça a cidade com potencial de ser o Silicon Valley do Cariri

A bela Juazeiro do Norte, no Ceará, é a primeira cidade no País a aprovar uma lei municipal referente à inovação e tecnologias aplicadas a cidades inteligentes. Essa é a primeira legislação criada após a regulamentação do Marco Federal de Ciência e Tecnologia no Brasil e segue orientações do Ministério da Ciência, Tecnologia, Inovações e Comunicações (MCTIC) e do Banco Nacional do Desenvolvimento Econômico e Social (BNDES), no âmbito do Plano Nacional de Internet das Coisas (IoT), voltado às cidades inteligentes.

Focada em aproximar serviços públicos das avançadas Tecnologias da Informação e Comunicação disponíveis, a legislação enfatiza a busca por soluções físicas e cibernéticas para o ambiente urbano baseadas em *Big Data* e Internet das Coisas.

Parece complicado, não é? Então assista ao vídeo em 360° com Michel Araújo, Secretário de Desenvolvimento Econômico e Inovação do município, para entender melhor como essa cidade do Cariri Cearense está se destacando no cenário nacional e internacional de *Smart Cities*. Mais um excelente exemplo de que a mudança de mentalidade e a disposição em percorrer novos caminhos é muito mais importante para a inovação do que o tamanho do município ou sua disponibilidade orçamentária.

A CIDADE STARTUP

Te convido a visitar o projeto comigo, neste vídeo 360º. Clique no *play* abaixo e conheça todos os detalhes do projeto.

Este texto foi originalmente publicado no blog Cidades Mais Inteligentes, de Tilt.

Acesso direto:

Como Diadema melhorou os seus índices de violência

Após avaliar 700 cidades do País, o ranking Connected Smart Cities colocou Curitiba como a cidade mais inteligente do Brasil em 2018, tomando o posto que nos dois anos anteriores havia sido de São Paulo.

Em relação à segurança, as cidades paulistas têm se destacado ano após ano no ranking. Para ter uma ideia, em 2017 o Estado levou o primeiro lugar nas três categorias. São Bernardo do Campo liderou o ranking entre as cidades de mais de 500 mil habitantes; Paulínia levou o título da categoria entre 100 e 500 mil habitantes; e Vinhedo ficou em primeiro lugar entre os municípios com menos de 100 mil pessoas.

Vinhedo conta atualmente com 1,94 policiais, guardas-civis municipais e agentes de trânsito por mil habitantes. Segundo o estudo Mapa da Violência, a taxa média de homicídios por arma de fogo na cidade é de 5 por 100 mil habitantes. Existem 295 cidades paulistas com taxa de homicídios superior a essa. Outro ponto importante que destaca Vinhedo é o investimento de R$ 220 por habitante em despesas de segurança.

Mas a pergunta a fazer é: como melhorar os índices de segurança de cidades que tradicionalmente têm um histórico negativo? Sabemos que os fatores que influenciam a segurança não dependem somente do município. Cidades localizadas em regiões de baixa renda ou áreas controladas por milícias ou por traficantes, por exemplo, acabam sendo diretamente impactadas na dinâmica da segurança municipal.

A CIDADE STARTUP

Políticas assertivas e projetos de *Smart Cities* são capazes de mudar essa realidade. Um dos casos internacionais mais famosos é o de Medellín, na Colômbia. Em 1991, a cidade registrou 7.273 assassinatos, ou uma taxa de 266 homicídios a cada 100 mil habitantes. Em 2017 esse número caiu para "somente" 19 mortes violentas por 100 mil pessoas. O sucesso de Medellín tem vindo da combinação de estratégias de reurbanização da cidade, do foco nos setores sociais e de educação e, mais recentemente, de altos investimentos em segurança pública. O aumento do quadro de policiais, de 726 agentes de segurança em 2011 para 7.000 em 2017, e as 1.200 câmeras de vigilância, sendo 100 com reconhecimento facial, seguramente ajudaram a cidade na árdua missão de melhorar a qualidade de vida dos seus cidadãos.

No Brasil também temos casos similares. Uma dessas cidades é Diadema, cravada na região industrial de São Paulo conhecida como Grande ABC. O município tem atualmente pouco mais de 400 mil habitantes, sendo o 14º mais populoso do Estado. Em 1997, de acordo com o Datasus do Ministério da Saúde, a cidade chegou a assombrosos 140 homicídios por 100 mil habitantes. Esses números deram a cidade na época o status de "cidade mais violenta do Brasil". Porém nada comparado a Medellín, felizmente!

Mesmo com melhoras significativas nos números, a cidade sofre para mudar a percepção nacional (e local) em relação à segurança. Os números ainda não são suficientes para colocar a cidade entre as melhores do ranking Connected Cities 2018, mas estão melhorando constantemente. No ano passado, a secretária de comunicação de Diadema, Carla Dualib, esteve na Suíça como convidada do prestigiado evento *AI for Good 2018*, da ITU (Agência de Telecomunicações da ONU), para apresentar os avanços da cidade.

Muitos novos projetos, principalmente no tocante à segurança, estão na fase de planejamento. Segundo o secretário de segurança do município, Coronel PM Marcel Soffner, a utilização de tecnologias de ponta, como Inteligência Artificial, drones e visão computacional, está no *roadmap* do município. Agora é esperar para conhecer os projetos e ver os resultados acontecerem.

Você está pronto para começar a tornar a sua cidade mais inteligente e um lugar melhor para viver?

Este texto foi originalmente publicado no blog Cidades Mais Inteligentes, de Tilt.

Acesso direto:

A CIDADE STARTUP

A startup carioca que quer resolver o problema dos alagamentos

Cada vez mais vemos, no Brasil, o setor público engajado no processo de inovação e não tenho dúvida de que essa é uma fórmula de sucesso para as nossas cidades. Na maioria das vezes, o processo nasce no setor privado e, depois, chega à gestão pública, como foi o caso do Vale do Silício. Em todo lugar do mundo onde a inovação é uma estratégia de Estado, a economia local acaba se contagiando e os resultados são fantásticos para todo o ecossistema.

Palo Alto, na Califórnia, é um exemplo de um pequeno município que colocou a inovação como bandeira principal. Jonathan Reichental, ex-CIO (Chief Information Officer) da cidade, esteve à frente deste processo por sete anos, de 2011 a 2018, e é categórico em dizer que "*the future belongs to cities*" – o futuro pertence às cidades. E ele está certo! Estamos entrando na chamada Era das Cidades, em que municípios, e não países, ditam as regras e influenciam politicamente as decisões.

No vídeo do link desta página, vamos conhecer um projeto de inovação capitaneado pela prefeitura da cidade do Rio de Janeiro. Três entidades municipais, o COR (Centro de Operações Rio), IplanRio (Empresa Municipal de Informática S.A.) e a Secretaria de Fazenda, se uniram para criar um comitê de inovação para a cidade e os resultados já começaram a aparecer.

No início de 2019, o COR promoveu uma espécie de *hackathon* para o desenvolvimento de novas soluções para o problema recorrente de inundações na cidade. Como resultado, quatro *startups* foram selecionadas para desenvolver suas ideias durante um programa de incubação que durou três meses, exatamente durante as grandes tempestades no Rio. Elas contaram com o apoio técnico e toda a estrutura do COR, incluindo equipes de mais de 30 órgãos diferentes.

Leonardo Soares, assessor especial de inovação da prefeitura e coordenador responsável pelo projeto, explicou como funcionou essa primeira experiência e os resultados positivos alcançados em tão pouco tempo. Uma *startup* finalista do programa, a Noah Smart Cities, não somente conseguiu "pilotar" com sucesso a sua ideia, o que já teria sido um resultado excelente, como também acabou chamando a atenção de potenciais investidores. Isso pode até parecer uma consequência natural no ecossistema de inovação do Vale do Silício, mas definitivamente ainda não é realidade na sofrida economia carioca.

As boas notícias não acabaram no *case* da Noah. Como a primeira experiência foi um grande sucesso, o COR já planeja a segunda edição do programa de incubação. Sua empresa tem uma solução bacana para problemas urbanos e você gostaria de mostrá-la para o mundo e, principalmente, para investidores? Atenção, porque a oportunidade pode estar mais perto do que você imagina!

Este texto foi originalmente publicado no blog Cidades Mais Inteligentes, de Tilt.

Acesso direto:

A CIDADE STARTUP

Como a Inteligência Artificial já está turbinando a segurança no Brasil

| 8 TRABALHO DECENTE E CRESCIMENTO ECONÔMICO | 9 INDÚSTRIA, INOVAÇÃO E INFRAESTRUTURA | 11 CIDADES E COMUNIDADES SUSTENTÁVEIS | 16 PAZ, JUSTIÇA E INSTITUIÇÕES EFICAZES | 17 PARCERIAS E MEIOS DE IMPLEMENTAÇÃO |

Já imaginou se fosse possível chamar uma viatura de polícia simplesmente apertando um botão no celular, como fazemos com o Uber? Ou se pudéssemos engajar a população para apoiar o poder público na resolução dos problemas de segurança das nossas cidades? Foi exatamente com essas duas questões que Alex Berenguer, CEO da CITZs, iniciou sua apresentação no painel do Smart City Day, evento realizado em São Paulo em junho de 2019 que discutiu a nova era dos aplicativos municipais.

No vídeo desta página, você pode assistir ao *pitch* de uma *startup* brasileira que oferece uma solução para mitigar os problemas de segurança pública com o uso de Inteligência Artificial. Com um projeto-piloto na cidade de São Paulo, a iniciativa conta com quatro soluções integradas: uma central de atendimento, um aplicativo para o cidadão, um para a patrulha e outro para mulheres que estão sob a proteção da Lei Maria da Penha, tudo funcionando em tempo real. Por trás da tecnologia, existem algoritmos avançados que são capazes, inclusive, de diferenciar uma chamada real de um trote.

Estamos realmente avançando de forma rápida para uma realidade de cidades superconectadas com câmeras de reconhecimento facial monitorando a todos continuadamente e cidadãos ávidos para colaborar com o governo. Tudo isso parece superpositivo, mas será que estamos prontos para toda essa tecnologia? Recentemente, no Rio de Janeiro, por exemplo, o sistema implantado pela polícia em Copacabana confundiu uma moradora do bairro com uma foragida. E não foi a primeira vez que isso aconteceu.

O que você acha disso tudo? Estamos evoluindo para a direção correta ou esse grande *Big Brother* urbano criará ainda mais caos e confusão? Qual a sua opinião?

Este texto foi originalmente publicado no blog Cidades Mais Inteligentes, de Tilt.

Acesso direto:

A CIDADE STARTUP

O dinheiro vai acabar no mundo e essa tendência já chegou ao Brasil

Calma! O uso do dinheiro "vivo" é que está acabando. O conceito de uma vida sem papel (*paperless*) é a base do processo de digitalização de nossas cidades. Em outros textos já trouxe para vocês os casos de Tallinn, na Estônia; e Dubai, nos Emirados Árabes Unidos, cidades que estão bastante avançadas nesse sentido. Mas será que isso vale para todos os "papeis" do nosso dia-a-dia?

De acordo com um estudo desenvolvido pelo Roubini ThoughtLab em 2016, o aumento no uso de meios eletrônicos de pagamento, como cartões e dispositivos de pagamentos móveis, poderia gerar um benefício líquido de até US$ 470 bilhões por ano nas 100 cidades estudadas, o equivalente a cerca de 3% do PIB médio dessas localidades.

O Brasil já avançou nessa direção. O programa Cidades do Futuro foi desenvolvido pela Visa em conjunto com seus clientes e parceiros, como emissores, credenciadores, estabelecimentos comerciais e, claro, administrações municipais. O objetivo é incentivar o uso dos meios eletrônicos de pagamento, tendo em vista o desenvolvimento tecnológico e o aumento da inclusão financeira e digital da população, além de ajudar a diminuir gastos operacionais e a falta de segurança em locais onde ainda predomina o uso do dinheiro em papel.

Iniciado em 2018 nas cidades de Belém (PA), Campina Grande (PB) e Maringá (PR), o programa gerou, em somente três meses, um crescimento no uso de meios digitais de pagamento 20% superior ao crescimento médio do País. Compreendendo que o Brasil é extremamente diverso e heterogêneo, a empresa anunciou para 2019 a expansão do programa para mais 200 cidades do País.

Conversei pessoalmente com *Eduardo Barreto*, vice-presidente de Desenvolvimento de Negócios da Visa no Brasil sobre esse projeto ambicioso que eles estão pilotando por aí. Espero que curtam o vídeo!

Este texto foi originalmente publicado no blog Cidades Mais Inteligentes, de Tilt.

Acesso direto:

8

CONCLUSÃO

A CIDADE **STARTUP**

A CIDADE STARTUP

Para encerrar (por enquanto)

Este livro representa uma jornada. Fomos do macro para o micro, partindo de temas globais e, a cada capítulo, mergulhamos mais e mais no mundo das *Smart Cities*, até desembocar em casos tupiniquins que mostram um lado infelizmente ainda pouco divulgado: um Brasil que corre rumo ao futuro, que acelera para incorporar tecnologia, processos e, principalmente, uma visão diferente. Uma visão que não se intimida pelas limitações financeiras e encontra soluções criativas que aumentam a qualidade de vida da população.

Mas acredito sinceramente que estamos no caminho certo. Tenho acompanhado de perto as iniciativas nacionais voltadas aos temas das Cidades Inteligentes, Inteligência Artificial e Internet das Coisas. Gostaria então de compartilhar com vocês quatro textos recentes do meu blog para finalizarmos essa conversa e já pavimentar a estrada para nosso próximo encontro.

Comecemos, então, pelo tema que seguramente norteará o frenético ano eleitoral de 2020: as PPPs ou Parcerias Público Privadas. Seguramente, essa é uma das ferramentas mais eficazes na atualidade para a viabilização de projetos de *Smart Cities* pelo mundo afora. No Brasil, uma atenção toda especial está sendo dada principalmente para as PPPs de iluminação pública, pois as cidades dispõem da contribuição para custeio da iluminação pública (Cosip), que pagamos todos os meses na nossa conta de luz.

Como as PPPs podem fazer as cidades do Brasil serem mais inteligentes

7 ENERGIA LIMPA E ACESSÍVEL   **11** CIDADES E COMUNIDADES SUSTENTÁVEIS   **17** PARCERIAS E MEIOS DE IMPLEMENTAÇÃO

As chamadas PPPs, ou Parcerias Público-Privadas, já são uma realidade no Brasil. Há tempos venho ressaltando a importância desse instrumento como uma das principais formas de financiamento de projetos de *Smart Cities* em todo o mundo. É exatamente com esse objetivo que o setor de iluminação pública no Brasil vem se desenvolvendo, nos últimos anos, em direção à aplicação criativa de soluções integradas às redes, seguindo a tendência mundial de uso eficiente do espaço urbano.

Cada vez mais, municípios brasileiros enxergam nos postes de iluminação a porta de entrada para o conceito de *Smart City*, considerando as dezenas de funções "inteligentes" que podem ser integradas a uma mesma infraestrutura urbana, tais como câmeras de videomonitoramento, semáforos inteligentes, Wi-Fi público e estações de recarga de veículos elétricos.

Essa foi a pauta do Painel "Redes de Iluminação Pública Inteligentes" da edição 2019 do Smart City Day, realizado em São Paulo na sede da Microsoft Brasil. No vídeo deste texto, você pode ver os melhores momentos do debate sobre a evolução e as oportunidades da iluminação pública no Brasil.

Participaram do painel **Maurício Taufic Guaina**, da Spin Consultoria; **Carlos Eduardo Cardoso**, da EnelX do Brasil; e **Airton Hess Jr.**, da SmartGreen Smart Cities. E temos uma novidade: o evento criou um grupo de *WhatsApp* especial para que os participantes tivessem acesso direto aos panelistas para networking, sugestões e eventuais dúvidas. Conseguimos um acesso exclusivo ao grupo para os leitores deste livro. Se você se interessa pelo tema, não perca a oportunidade de discutir diretamente com quem está à frente do processo da renovação da iluminação pública no Brasil.

[QR Code grupo de WhatsApp iluminação pública:]

Este texto foi originalmente publicado no blog Cidades Mais Inteligentes, de Tilt.

Acesso direto:

Plano Nacional de Internet das Coisas: o Brasil se preparando para o futuro

Com potencial para melhor a qualidade de vida de moradores, desde o uso eficiente de meios de transportes até a redução da criminalidade e de doenças, o conceito de Cidades Inteligentes tem chamado a atenção de diversos governos, incluindo o do Brasil.

No Smart City Day, realizado na sede da Microsoft Brasil em São Paulo, o analista de infraestrutura do Ministério da Ciência, Tecnologia, Inovações e Comunicações (MCTIC), **Guilherme de Paula**, falou sobre o Plano Nacional de Internet das Coisas.

Baseado em um estudo realizado em parceria entre o MCTIC e o BNDES, que teve como objetivo diagnosticar e propor um plano de ação estratégico para o programa, o plano prioriza os ambientes de

A CIDADE STARTUP

saúde, cidades, rural e indústria e conta com 60 iniciativas definidas dentro de suas verticais e horizontais. No ambiente de cidades, onde as ações de *Smart Cities* estão inseridas, o governo tem priorizado projetos de mobilidade, segurança pública e uso eficiente de recursos.

Este texto foi originalmente publicado no blog Cidades Mais Inteligentes, de Tilt.

Acesso direto:

Tem um projeto bacana e precisa de uma "forcinha"? Fala com o BNDES!

Há mais de meio século que o Banco Nacional de Desenvolvimento Econômico e Social (BNDES) tem atuado fortemente no financiamento de longo prazo e em investimentos em todos os segmentos da economia brasileira. Na era da economia criativa e compartilhada e da transformação digital, não poderia ser diferente. De fato, o banco já aparece como o maior investidor nacional em fundos de *venture capital* e isso pode ser uma excelente oportunidade para o seu projeto.

No vídeo que apresentamos aqui, você pode acompanhar a apresentação do **Eduardo Kaplan Barbosa**, analista sênior e líder da iniciativa de *Smart Cities* no BNDES. Ele demonstrou que a transformação digital perpassa todas as dimensões do planejamento estratégico do banco, especialmente quando se trata de ganhos de competitividade da indústria e do fortalecimento das iniciativas municipais de cidades inteligentes que contribuem com a melhora da qualidade de vida dos cidadãos.

A CIDADE STARTUP

Enquanto o banco possui um grande histórico de financiamentos de iniciativas como a modernização da administração pública e infraestrutura sustentável, é preciso reconhecer que o apoio à adoção de novas tecnologias, como a IoT, deverá incluir também a sistematização de boas práticas e avaliações externas de custo-benefício. Para isso, o BNDES apoia o Pilotos de IoT em Cidades, uma das primeiras ações no âmbito do Plano Nacional de IoT.

Além do fomento ao ecossistema dos fornecedores de soluções de cidades inteligentes, outros destaques apresentados pelo analista foram os novos produtos financeiros, como o BNDES Direto 10 – produto ágil voltado para empresas inovadoras com necessidade de financiamento entre R$ 1 milhão e R$ 10 milhões– e o BNDES Finem TI – voltado a planos de investimento de médio prazo acima de R$ 10 milhões com a vantagem de financiar ativos intangíveis e permitir uso de recebíveis como garantias. Eduardo também citou o BNDES Garagem, *hub* de inovação da companhia, cujos módulos de criação e aceleração de *startups* já foram iniciados.

Você tem um produto bacana de tecnologia para melhorar a qualidade de vida das pessoas e está precisando de uma "forcinha"? Fala com o BNDES! Quem sabe esse não pode ser o início de uma longa e próspera parceria?

Este texto foi originalmente publicado no blog Cidades Mais Inteligentes, de Tilt.

Acesso direto:

O novo DNA das cidades

Em um mundo cada vez mais urbano, as soluções que estão sendo encontradas por cidades em todos os continentes estão criando um incrível "banco de soluções" para desafios comuns. Poluição, trânsito, mobilidade, comunicação, saúde e segurança são temas que, como vimos nos capítulos anteriores, podem ser solucionados de forma criativa com o uso de tecnologia.

A transformação digital, que começou com a mudança de comportamento dos cidadãos (cada vez mais conectados), alcança as empresas, se dissemina pelo setor público e cria um novo DNA. Um DNA baseado em inovação que vem repensando a forma como a sociedade se estrutura hoje. Em todo o mundo, já vemos exemplos sólidos de boas práticas e de construção de cidades mais inteligentes. Ainda bem!

Para concluirmos esta nossa conversa sobre Smart Cities, vale a pena abordarmos um aspecto que conecta todos os desafios de transformação da sociedade e que pode acelerar o desenvolvimento de cidades inteligentes. Precisamos entender nossa função como líderes na transformação do Brasil.

Recomendo que você leia o livro "*Future-Ready Leadership: Strategies for the Fourth Industrial Revolution*" ("*Liderança Pronta para o Futuro: Estratégias para a Quarta Revolução Industrial*"), do Prof. PhD Chris R. Groscurth. Lançado no fim de 2018, ele mostra que, embora tenha um papel social, a liderança tem uma raiz biológica. Desde a Idade da Pedra, quando os homens começaram a se organizar em grupos para dividir o trabalho, aumentar a segurança e garantir sua sobrevivência, que temos uma sociedade baseada em líderes e seguidores. Deixe-me explicar, então, como a biologia entra nisso.

A CIDADE STARTUP

Quatro hormônios são responsáveis pelos mecanismos que comandam esse processo. Eles são a endorfina, a dopamina, a serotonina e a oxitocina. Desde sempre, eles definem os líderes e, principalmente, faz com que nós os sigamos quase incondicionalmente.

A **endorfina** tem um objetivo principal: mascarar a dor física. É o hormônio da resiliência. É ele que nos faz seguir em frente sem desistir, mesmo quando estamos nos limites da dor e da exaustão. A **dopamina**, por sua vez, explode em nossos corpos quando atingimos um objetivo. É o hormônio da recompensa. Quando você acha algo que estava procurando ou completa uma tarefa, você sente a dopamina. Deliciosa, mas também perigosa se desbalanceada, a dopamina é uma das principais responsáveis por causar dependência. Bebidas alcoólicas, drogas e até o bipe do celular dizendo que chegou uma mensagem nova liberam dopamina. O que as duas têm em comum? Você não precisa de ninguém para produzi-las.

Já com a serotonina e a oxitocina é outra conversa! Elas dependem das nossas atividades sociais e são hormônios relacionados aos sentimentos de amor, pertencimento, confiança e segurança. Esses dois hormônios ajudam os líderes a cumprir seu papel, sua responsabilidade. A **serotonina** é responsável pelo sentimento de prazer, de orgulho. Já a **oxitocina** nos proporciona sentimentos de amor, segurança e confiança. Esses dois hormônios estão diretamente ligados às nossas relações interpessoais.

E o que muda na figura do líder nos nossos novos tempos de Quarta Revolução Industrial? Hoje, vivemos uma realidade na qual a tecnologia não muda somente a forma como nos relacionamos, mas também passa a ser parte importante e, às vezes, preponderante das nossas relações interpessoais. Devo falar pessoalmente, enviar um e-mail, telefonar, mandar uma mensagem pelo WhatsApp? Como líder, de que maneira devo lidar com as distrações que as equipes têm por causa dos dispositivos móveis? Como posso utilizar a tecnologia para extrair o que a equipe tem de melhor? Como posso criar novos processos e metodologias que aproveitem as facilidades da conectividade global para gerar mais resultados? Essas, e muitas outras, são questões que fazem parte do dia a dia dos líderes 4.0.

Tive a felicidade de conversar com o Prof. Groscurth e gravar nosso papo. Em apenas 15 minutos, entenda por que Presença, Agilidade, Colaboração, Desenvolvimento e Discernimento são as cinco palavras-chave para os líderes de sucesso neste novo mundo 4.0 que estamos vivendo.

Este texto foi originalmente publicado no blog Cidades Mais Inteligentes, de Tilt.

Acesso direto:

A CIDADE STARTUP

Minha definição de Cidade Inteligente é **"o lugar em que tudo parece conspirar para tornar melhor a vida do cidadão"**. Essa é uma perspectiva focada no cidadão, no usuário. Ele não precisa entender os detalhes da *Smart City* em que vive, só precisa sentir sua vida melhorar. Cabe a nós, líderes 4.0, desenvolver as capacidades e estimular o uso das tecnologias que viabilizam o aumento da qualidade de vida da população.

Sucesso em sua jornada e conte comigo!

Agradecimentos

Um profundo e inquietante desejo de escrever um livro me acompanhava desde novembro de 1973. E, confesso, já estava virando uma angústia. Depois de algumas árvores plantadas e dois filhos maravilhosos, finalmente aqui está ele. O primogênito de vários que ainda virão, prometo!

Nada mais justo que começar meus agradecimentos pela minha origem e motivo de viver: minha, ou minhas, famílias. Teria sido impossível chegar até aqui sem os ensinamentos do meu saudoso pai e eterno ídolo, Renato Lúcio de Castro, e a dedicação da minha querida mãe: Lusia Maria da Silva Castro, uma guerreira incansável e grande amiga. Todo esse esforço também não teria feito o menor sentido se eu não tivesse contado com o apoio incondicional e compreensão da minha linda e amada esposa, minha companheira de aventuras, Elisa Baldan; e *dei miei "piccoli" bambini*: o grande jogador de rúgbi Giovanni de Castro e a formosa bailarina Carolina de Castro. Somando a eles as minhas lindas famílias brasileira e italiana, deixo a minha mais sincera, amorosa e perpétua gratidão.

Ao longo da minha estrada também encontrei pessoas especiais, que foram muito importantes. A primeira da lista é minha grande mestra Regina Lyra, professora universitária excepcional e talentosa poetisa, que foi uma das maiores responsáveis pelo início da minha carreira internacional. Em nome dela, agradeço a todos os professores que fizeram parte da minha história, do maternal ao doutorado. Hoje, sou definitivamente resultado da mistura do DNA intelectual de todos vocês e por isso posso afirmar que todos assinam também esse livro.

O prazeroso, e às vezes cansativo, exercício cotidiano de colocar "no papel" minhas ideias eu herdei dos meus tempos de mestrado na Alemanha. Mas a minha realização como escritor nasceu com a minha coluna no portal Administradores.com. Com eles experimentei o prazer da comunicação em massa. Dos leitores mais fiéis aos não menos importantes *haters*, foi lá que realmente entendi os efeitos, maravilhosamente devastadores, da dopamina e da endorfina na vida de um escritor. Obrigado, meu amigo Leandro Vieira e toda a sua equipe, pela oportunidade.

Os números não mentem, dizem: 98 voos internacionais, 289 mil km percorridos, 13 países e mais de 60 textos publicados. Esse é o resumo dos meus últimos 12 meses. Posso dizer hoje que a atividade como escritor faz realmente parte da minha rotina. Fica então meu agradecimento especial à incrível equipe do portal UOL Tecnologia, minha "casa literária", que me acompanhou ao longo desses meses e me propiciou a motivação e disciplina necessárias para tornar possível essa realização. Valeu *blog team*: esse livro é literalmente nosso!

Não poderia deixar também de agradecer ao meu amigo Flávio Tavares e ao incrível *team* do Instituto PARAR pelo apoio na finalização deste belo projeto. Infelizmente, eu não teria espaço suficiente nestas poucas páginas para citar todas as pessoas mundo afora que diariamente me inspiram na busca da construção de cidades mais inteligentes. Estamos sim construindo um mundo melhor. Juntos! Somos uma nova classe mundial de pessoas, somos *City Makers!* Com vocês todos, aprendi que **cidades inteligentes na verdade são lugares mágicos onde tudo parece conspirar para fazer nossa vida melhor**! A todos vocês, expresso minha admiração e gratidão em cada um dos 229.435 caracteres desse livro.

Obrigado, Thanks, Grazie, Danke, Gracias, Merci, 谢谢 ...

Índice Remissivo

A CIDADE STARTUP

CIDADES

A
ABC, 168
Abu Dhabi, 38
Agudos, 93
Al Daayen, 15
Anicuns, 93
Auckland, 95
Austin, 38

B
Bangkok, 83
Barcelona, 66, 82, 90, 94, 95, 98, 105, 106, 155
Bastia di Rovolon, 19, 144, 145, 146
Belém, 175
Belo Horizonte, 53, 117, 157, 159, 160
Bogotá, 96
Brasília, 25, 26
Bucareste, 73

C
Campina Grande, 175
Cariri, 140, 165
Chicago, 43, 71
Cidade do México, 83
Constantinopla, 111
Contagem, 117, 154, 157,
Copenhague, 94
Curitiba, 94, 167

D
Dhaka, 83
Diadema, 21, 154, 167, 168
Doha, 16
Dubai, 56, 82, 98, 120, 121, 124, 174

E
Eusébio, 93

F
Fortaleza, 94, 95, 96, 117, 154, 161

I
Istambul, 7, 83, 84, 111
Itatiaiuçu, 93
Ivaiporã, 93

J
Juazeiro do Norte, 19, 140, 143, 144, 154, 165

K
Kamikatsu, 19, 131, 139
King Abdulah District, 26, 135

L
Las Vegas, 34
Londres, 71, 89, 92, 122, 123, 141, 142
Los Angeles, 82, 88, 99, 103
Lusail, 16, 26

M
Maricá, 93,
Maringá, 175
Masdar, 26, 38, 135
Medellín, 167
Melbourne, 148
Milton Keynes, 39
Monte Carmelo, 93
Moscou, 88, 141, 142
Mumbai, 83
Munique, 96
Muzambinho, 93

N
Nova Deli, 83
Nova York, 20, 71, 82, 88, 89, 96, 103, 141

P
Palo Alto, 170
Paris, 47, 89, 94
Paulínia, 93, 167
Pequim, 41
Pitanga, 93
Porto Alegre, 117
Porto Real, 93
Potirendaba, 93

R
Recife, 83
Resende, 154, 163
Rio de Janeiro, 15, 19, 65, 82, 83, 88, 91, 93, 100, 105, 111, 117, 122, 144, 163, 170, 173
RMVale, 155
Roma, 25, 144

S
Salvador, 83
San Marino, 62
Santander, 97, 98
São Bernardo do Campo, 167
São Francisco, 25, 72, 103
São José dos Campos, 155
São Paulo, 21, 53, 82, 83, 86, 88, 93, 96, 117, 155, 167, 168, 172, 179, 181
Seattle, 38, 72

Seul, 25, 77, 135
Shenzhen, 43
Silva Jardim, 93
Simmering, 65
Songdo, 25, 26, 27, 135, 140

T
Taiwan, 145
Talinn, 82, 92

Taubaté, 155, 156
Tóquio, 77, 141
Toulouse, 66
Tübingen, 93

V
Vale do Silício, 9, 41, 71, 77, 111, 145, 170, 171
Vancouver, 71, 96
Vêneto, 104, 145

Veneza, 144
Viena, 65, 94, 96
Vinhedo, 167

X
Xangai, 117

Z
Zurique, 96

EMPRESAS / INSTITUIÇÕES

A
A
A3, 77
Accenture, 58
Agência de Telecomunicações da ONU (ITU), 46
Airbnb, 54, 55, 70, 90
Airbus, 77
Allianz, 90
Alphabet, 75
Amazon, 43, 45, 99
Amazon Web Services, 99
Anatel, 62
Apple, 20, 43, 57, 58, 124
Arup, 135
Associação Chinesa de Montadoras de Veículos (CAAM), 86

B
Banco Nacional do Desenvolvimento Econômico e Social (BNDES), 165, 181, 183, 184
BBC, 45
Beyond, 78
Blokable, 71
Blue Solutions, 39
BMW, 39
Bolsa de Valores, 42
Brownfiled Listing, 71
Bumblebee Spaces, 72

C
Cabify, 89
Câmara do Mercado Imobiliário e Sindicato das Empresas do Mercado Imobiliário de Minas Gerais (CMI/Secovi-MG), 53
Câmara Municipal de Nova York, 89

Casa da Cultura Digital de Fortaleza, 161
Centro Cultural Dragão do Mar, 95
Centro de Controle de Transporte Urbano, 83
Centro de Memória do Trabalhador da Indústria, 157
Centro de Operações Rio (COR), 100, 141, 142, 170
Centro Global de Inovação e Logística, 117, 157
Cisco, 149
CITZs, 172
Clemson University, 38

D
DRIVY, 90

E
eBay, 55
Empresa de Informática e Informação de Belo Horizonte (Prodabel), 159, 160
Empresa Municipal de Informática S.A (IplanRio), 170
EnelX, 180
Estação Ferroviária de Taubaté (Estação do Conhecimento), 156
Everblock, 71

F
Facebook, 55
Faculdade de Engenharia de Sorocaba (Facens), 39
Fiware, 65
Fundação de Ciência, Tecnologia e Inovação de Fortaleza (Citinova), 95, 161
Fundo das Nações Unidas para a Infância (Unicef), 20, 132

G
Gartner, 74
Google, 43, 54, 75, 99, 110, 125

H
Haas Living, 71
Hidracor, 95
Homeless Entrepreneur (#HE), 106
HomeShare, 70
Hyperloop One, 116
Hyperloop Transportation Technologies (HyperloopTT), 157, 158

I
INRIX, 88
Instituto Brasileiro de Geografia e Estatística (IBGE), 132
Instituto I.S de Desenvolvimento e Sustentabilidade Humana, 155
Intel, 86
International Business Machines Corporation (IBM), 141
ISBAK, 84, 111

K
KPMG, 57

L
Lemonade, 57
Lyft, 89

M
Masdar Institute, 38
Massachusetts Institute of Technology (MIT), 38, 66
Merrill Lynch, 83
Microsoft, 34, 99, 114, 179, 181
Ministério da Ciência, Tecnologia, Inovações e Comunicações (MCTIC), 165, 181
Ministério da Felicidade e Bem-Estar, 120
Ministério da Saúde, 168
Motorola, 62
Mov.E, 89

N
Nanyang Technological University (NTU), 39
Natural Machines, 66, 68
Noah Smart Cities, 171
Nvidia, 75

O
Organização das Nações Unidas (ONU), 11, 39, 40, 46, 73, 107, 121, 132, 168
Ori Systems, 72

P
Panasonic, 77, 99
PodShare, 71
Pooper, 103
Prefeitura da Cidade do Rio de Janeiro, 170
Prefeitura de Contagem, 157, 158
Prefeitura de Fortaleza, 161
Prefeitura Municipal de Resende, 163
Prodabel, 159, 160
PwC, 74

R
Rentashare, 71
Roubini ThoughtLab, 174

Rovolon, 19, 104, 144, 145, 146

S
Samsung, 77, 99
Secretaria de Conservação e Serviços Públicos de Fortaleza, 95
Secretaria de Desenvolvimento Econômico, Ciência, Tecnologia e Ensino Superior (Sedectes), 158
Secretaria de Fazenda, 170
Siemens, 38
Sindicato da Habitação – SecoviSP, 53
Skype, 145
SmartGreen Smart Cities, 180
SMRT, 39
Sony, 77, 99
Spin Consultoria, 180

Strategy Analytics, 86
Streetline, 98

T
Tesla, 43, 75, 86, 116
The Lancet, 132
TIM, 62, 99
Twitter, 114

U
Uber, 54, 75, 87, 88, 89, 102, 172
UMBO Computer Vision, 145
Universidade da Califórnia, 89, 120
Universidade de Cambridge, 114
Universidade de Michigan, 38
Universidade de Oxford, 74, 120
Universidade de Tecnologia de Delft, 92

Universidade de Washington, 38
Universidade de Wisconsin, 38
Universidade do Texas, 38
Universidade Estadual da Califórnia Dominguez Hills, 38

V
Verizon, 62, 99
Visa, 174, 175
Vivo, 99
VM9, 65
Vodafone, 99
Volvo Bus, 39

W
Waymo, 75
Waze, 142, 143
WeChat, 42, 55

X
Xerox, 99
Xprize, 46

A CIDADE STARTUP

LIVROS

2
21 Lessons For the 21st Century, 124

A
AI Superpowers: China, Silicon Valley, and the New World Order, 41

F
Factfulness: O hábito libertador de só ter opiniões baseadas em fatos, 16, 17, 20
Future-Ready Leadership: Strategies for the Fourth Industrial Revolution" ("Liderança Pronta para o Futuro: Estratégias para a Quarta Revolução Industrial"), 185

H
Homo Deus: uma breve história do amanhã, 124

S
Sapiens – Uma Breve História da Humanidade, 124

T
The Future of Work: Robots, AI, and Automation, 115

PESSOAS

A
Airton Hess Jr, 179
Al Roumi, 120
Alex Berenguer, 172
Alexandre Cardeman, 100
Andrew Funk, 106
Aristóteles, 119

B
Beto, 105, 106

C
Carla Dualib, 168
Carlos Eduardo Cardoso, 180
Cássia Ximenes, 53
Chris R. Groscurth, 185, 186
Cláudio Ricardo Gomes de Lima, 95, 161

D
Darren West, 115

E
Eduardo Barreto, 175
Eduardo Kaplan Barbosa, 183
Elon Musk, 157
Enric Masdeu, 67

F
Felipe Delvan, 78
Froi Lagaspi, 123

G
Guilherme de Paula, 181

H
Hans Rosling, 16, 20
Homem de Ferro, 68
Hulk, 66, 68

I
Iron Man, 66

J
Jetsons, 69, 77, 79
João Kepler, 117
Jonathan Reichental, 9, 170
Joseph Nicéphore, 35
Juscelino Kubitschek (JK), 118, 154

K
Kai-Fu Lee, 41

L
Leandro Garcia, 160
Leonardo Soares, 171
Lynette Kucsma, 66

M
Mahatma Gandhi, 102
Marcel Soffner, 168
Márcio Silvestre, 163
Marcos Marconi, 65
Maria Elena Sinigalia, 144
Maurício Taufic Guaina, 180
Micael Langer, 122
Michael Moore, 58
Michel Araújo, 165
Michel Temer, 89

N
Nelson Rodrigues, 154

P
Papa Francisco, 141
Paulo Moreira, 158
Pedro Perácio, 142
Peppa Pig, 68

R
Raul Seixas, 52
Remo, 25
Rodrigo França, 155
Rômulo, 25
Rudolph Giuliani, 20

S
Sergio Venero, 78
Sheik Khalifa bin Zayed, 120
Sigmund Freud, 119
Sophia, 73
Stephen Hawking, 45

Y
Yuval Noah Harari, 114, 124

A CIDADE STARTUP

OBJETIVOS DE DESENVOLVIMENTO SUSTENTÁVEL – ODS/ONU

ODS1
4 milhões de bebês morreram em 2017 – por que a tecnologia não os ajudou?, 16
Com 760 milhões abaixo da linha da pobreza, o mundo está melhorando?, 19
Estamos preparados para a Quarta Revolução Industrial?, 31

ODS2
4 milhões de bebês morreram em 2017 – por que a tecnologia não os ajudou?, 16

ODS3
AI4Good: o esforço mundial para manter novas tecnologias no caminho certo, 45

ODS4
4 milhões de bebês morreram em 2017 – por que a tecnologia não os ajudou?, 16
Conheça a cidade onde crianças já estão programando aos 7 anos de idade, 111
Feliz 2029! Você está pronto para zerar tudo, de novo, e recomeçar?, 124
Uber do cocô – conheça o app que promete te ajudar naquela difícil tarefa, 102
Universidade do futuro: você vai querer estudar nestes campi tecnológicos, 37

ODS5
4 milhões de bebês morreram em 2017 – por que a tecnologia não os ajudou?, 16
A reintegração econômica de pessoas pode ser uma oportunidade de negócios, 105
Conheça o país que criou até ministério para ser o mais feliz do mundo, 119

ODS6
A casa inteligente já existe e pode vir do Rio Grande do Sul, 77

ODS7
A casa inteligente já existe e pode vir do Rio Grande do Sul, 77
Como as PPPs podem fazer as cidades do Brasil serem mais inteligentes, 179
Data Lake o quê? Conheça a startup brasileira que já é referência na Europa, 64
Em busca de um lugar para testar suas inovações? BH está de portas abertas, 159
Estamos preparados para a Quarta Revolução Industrial?, 31
Universidade do futuro: você vai querer estudar nestes campi tecnológicos, 37
Venda seu carro enquanto é tempo: a MaaS está chegando, 85

ODS8
A startup carioca que quer resolver o problema dos alagamentos, 170
Como a Inteligência Artificial já está turbinando a segurança no Brasil, 172
Como Diadema melhorou os seus índices de violência, 167
Conheça a cidade com potencial de ser o Silicon Valley do Cariri, 165
Data Lake o quê? Conheça a startup brasileira que já é referência na Europa, 64
E se o nosso presidente fosse um robô com Inteligência Artificial?, 73
Em busca de um lugar para testar suas inovações? BH está de portas abertas, 159
Fortaleza conectada: como a Economia Criativa pode ajudar a reduzir desigualdades, 161
Internet gratuita e mais: a cidade onde a mudança vem dos servidores, 163
O Brasil está preparado para abrigar uma cidade startup?, 25
O dinheiro vai acabar no mundo e essa tendência já chegou ao Brasil, 174
País do futuro? Está nascendo a primeira região supertecnológica do Brasil, 155
Que tal um plano de saúde mais barato e com direito a um Apple Watch novinho?, 57
Sem crise para estacionar! Sensores ajudam a achar vagas em grandes cidades, 97
Será que os empresários brasileiros estão prontos para sair da crise?, 22
Você já conhece a cidade brasileira escolhida a dedo pela Hyperloop?, 157

ODS9
A casa inteligente já existe e pode vir do Rio Grande do Sul, 77
A cidade que fez "vaquinha" por câmeras de segurança superinteligentes, 144
A startup carioca que quer resolver o problema dos alagamentos, 170

A CIDADE STARTUP

AI4Good: o esforço mundial para manter novas tecnologias no caminho certo, 45

Buscando uma carreira em TI? Cuidado para não entrar em uma furada!, 113

City SmartUp: a nova era de cidades mais inteligentes, 131

Como a Inteligência Artificial já está turbinando a segurança no Brasil, 172

Como Diadema melhorou os seus índices de violência, 167

Conheça a cidade com potencial de ser o Silicon Valley do Cariri, 165

Conheça a cidade onde crianças já estão programando aos 7 anos de idade, 111

Data Lake o quê? Conheça a startup brasileira que já é referência na Europa, 64

DecorTech: como a tecnologia é usada para turbinar a decoração da sua casa, 70

É possível uma cidade inteligente com baixo orçamento?, 138

E se o nosso presidente fosse um robô com Inteligência Artificial?, 73

Em busca de um lugar para testar suas inovações? BH está de portas abertas, 159

Encontre os parceiros certos para o seu projeto, 141

Entenda as quatro ondas da Inteligência Artificial que mudarão as nossas vidas, 41

Fortaleza conectada: como a Economia Criativa pode ajudar a reduzir desigualdades, 161

Internet gratuita e mais: a cidade onde a mudança vem dos servidores, 163

Lixo da Internet das Coisas desafia cidades em todo o mundo, 148

O Brasil está preparado para abrigar uma cidade startup?, 25

O dinheiro vai acabar no mundo e essa tendência já chegou ao Brasil, 174

Onde está a tecnologia e a inovação no discurso dos candidatos?, 116

País do futuro? Está nascendo a primeira região supertecnológica do Brasil, 155

Que tal um plano de saúde mais barato e com direito a um Apple Watch novinho?, 57

Sem crise para estacionar! Sensores ajudam a achar vagas em grandes cidades, 97

Tem um projeto bacana e precisa de uma "forcinha"? Fala com o BNDES!, 183

Universidade do futuro: você vai querer estudar nestes campi tecnológicos, 37

Veja em 360º como é o modernoso Centro de Operações do Rio, 100

Venda seu carro enquanto é tempo: a MaaS está chegando, 85

Você está pronto para a nova era de ouro do mercado imobiliário?, 53

Você já conhece a cidade brasileira escolhida a dedo pela Hyperloop?, 157

ODS10
4 milhões de bebês morreram em 2017 – por que a tecnologia não os ajudou?, 16
A reintegração econômica de pessoas pode ser uma oportunidade de negócios, 105
Com 760 milhões abaixo da linha da pobreza, o mundo está melhorando?, 19
Conheça o país que criou até ministério para ser o mais feliz do mundo, 119
Estamos preparados para a Quarta Revolução Industrial?, 31
Fortaleza conectada: como a Economia Criativa pode ajudar a reduzir desigualdades, 161
Made in London: quando a diversidade cultural vira uma vantagem competitiva, 122
Será que os empresários brasileiros estão prontos para sair da crise?, 22
Tem um projeto bacana e precisa de uma "forcinha"? Fala com o BNDES!, 183

ODS11
10 filmes em 4K em 20 minutos: o que muda na sua vida com o 5G, 61
4 milhões de bebês morreram em 2017 – por que a tecnologia não os ajudou?, 16
A batalha do Incrível Hulk de brócolis X o Iron Man de tomates frescos, 66
A casa inteligente já existe e pode vir do Rio Grande do Sul, 77
A cidade que fez "vaquinha" por câmeras de segurança superinteligentes, 144
A reintegração econômica de pessoas pode ser uma oportunidade de negócios, 105
A startup carioca que quer resolver o problema dos alagamentos, 170
AI4Good: o esforço mundial para manter novas tecnologias no caminho certo, 45
Bloqueio do Uber nos EUA não pode travar apps de mobilidade urbana, 88
Buscando uma carreira em TI? Cuidado para não entrar em uma furada!, 113
City SmartUp: a nova era de cidades mais inteligentes, 131
Com 760 milhões abaixo da linha da pobreza, o mundo está melhorando?, 19
Como a Inteligência Artificial já está turbinando a segurança no Brasil, 172
Como as PPPs podem fazer as cidades do Brasil serem mais inteligentes, 179
Como Diadema melhorou os seus índices de violência, 167
Conheça a cidade com potencial de ser o Silicon Valley do Cariri, 165
Conheça a cidade onde crianças já estão programando aos 7 anos de idade, 111
Conheça o país que criou até ministério para ser o mais feliz do mundo, 119
Data Lake o quê? Conheça a startup brasileira que já é referência na Europa, 64

A CIDADE STARTUP

DecorTech: como a tecnologia é usada para turbinar a decoração da sua casa, 70
É possível uma cidade inteligente com baixo orçamento?, 138
E se o nosso presidente fosse um robô com Inteligência Artificial?, 73
Em busca de um lugar para testar suas inovações? BH está de portas abertas, 159
Encontre os parceiros certos para o seu projeto, 141
Entenda as quatro ondas da Inteligência Artificial que mudarão as nossas vidas, 41
Estamos preparados para a Quarta Revolução Industrial?, 31
Feliz 2029! Você está pronto para zerar tudo, de novo, e recomeçar?, 124
Fortaleza conectada: como a Economia Criativa pode ajudar a reduzir desigualdades, 161
Internet gratuita e mais: a cidade onde a mudança vem dos servidores, 163
Lixo da Internet das Coisas desafia cidades em todo o mundo, 148
Made in London: quando a diversidade cultural vira uma vantagem competitiva, 122
Menos carros, mais pessoas: Fortaleza e Barcelona querem mudar suas ruas, 94
O Brasil está preparado para abrigar uma cidade startup?, 25
O dinheiro vai acabar no mundo e essa tendência já chegou ao Brasil, 174
O novo DNA das cidades, 185
Onde está a tecnologia e a inovação no discurso dos candidatos?, 116
País do futuro? Está nascendo a primeira região supertecnológica do Brasil, 155
Pensando em trocar seu notebook? Aqui vai a dica: jogue ele fora!, 34
Plano Nacional de Internet das Coisas: o Brasil se preparando para o futuro, 181
Que tal um plano de saúde mais barato e com direito a um Apple Watch novinho?, 57
Sem crise para estacionar! Sensores ajudam a achar vagas em grandes cidades, 97
Será que os empresários brasileiros estão prontos para sair da crise?, 22
Tem um projeto bacana e precisa de uma "forcinha"? Fala com o BNDES!, 183
Transporte grátis para todos: como e por que deveríamos importar essa ideia, 91
Uber do cocô – conheça o app que promete te ajudar naquela difícil tarefa, 102
Universidade do futuro: você vai querer estudar nestes campi tecnológicos, 37
Veja em 360° como é o modernoso Centro de Operações do Rio, 100
Venda seu carro enquanto é tempo: a MaaS está chegando, 85

Você acha que o nosso trânsito é caótico? Relaxe, você ainda não viu nada!, 83
Você conseguiria me vender sua cidade em 5 minutos?, 134
Você está pronto para a nova era de ouro do mercado imobiliário?, 53
Você já conhece a cidade brasileira escolhida a dedo pela Hyperloop?, 157

ODS12
A casa inteligente já existe e pode vir do Rio Grande do Sul, 77
City SmartUp: a nova era de cidades mais inteligentes, 131
Lixo da Internet das Coisas desafia cidades em todo o mundo, 148
Pensando em trocar seu notebook? Aqui vai a dica: jogue ele fora!, 34
Plano Nacional de Internet das Coisas: o Brasil se preparando para o futuro, 181
Sem crise para estacionar! Sensores ajudam a achar vagas em grandes cidades, 97

ODS13
AI4Good: o esforço mundial para manter novas tecnologias no caminho certo, 45
Bloqueio do Uber nos EUA não pode travar apps de mobilidade urbana, 88
Menos carros, mais pessoas: Fortaleza e Barcelona querem mudar suas ruas, 94
Sem crise para estacionar! Sensores ajudam a achar vagas em grandes cidades, 97
Transporte grátis para todos: como e por que deveríamos importar essa ideia, 91
Venda seu carro enquanto é tempo: a MaaS está chegando, 85

ODS14
AI4Good: o esforço mundial para manter novas tecnologias no caminho certo, 45

ODS15
AI4Good: o esforço mundial para manter novas tecnologias no caminho certo, 45

ODS16
4 milhões de bebês morreram em 2017 – por que a tecnologia não os ajudou?, 16
A cidade que fez "vaquinha" por câmeras de segurança superinteligentes, 144

A CIDADE STARTUP

AI4Good: o esforço mundial para manter novas tecnologias no caminho certo, 45
Com 760 milhões abaixo da linha da pobreza, o mundo está melhorando?, 19
Como a Inteligência Artificial já está turbinando a segurança no Brasil, 172
Como Diadema melhorou os seus índices de violência, 167
Conheça o país que criou até ministério para ser o mais feliz do mundo, 119
É possível uma cidade inteligente com baixo orçamento?, 138
E se o nosso presidente fosse um robô com Inteligência Artificial?, 73
O dinheiro vai acabar no mundo e essa tendência já chegou ao Brasil, 174
O novo DNA das cidades, 185
Plano Nacional de Internet das Coisas: o Brasil se preparando para o futuro, 181
Você conseguiria me vender sua cidade em 5 minutos?, 134
Você está pronto para a nova era de ouro do mercado imobiliário?, 53

ODS17
A cidade que fez "vaquinha" por câmeras de segurança superinteligentes, 144
A startup carioca que quer resolver o problema dos alagamentos, 170
City SmartUp: a nova era de cidades mais inteligentes, 131
Como a Inteligência Artificial já está turbinando a segurança no Brasil, 172
Como as PPPs podem fazer as cidades do Brasil serem mais inteligentes, 179
Como Diadema melhorou os seus índices de violência, 167
Conheça a cidade com potencial de ser o Silicon Valley do Cariri, 165
É possível uma cidade inteligente com baixo orçamento?, 138
Em busca de um lugar para testar suas inovações? BH está de portas abertas, 159
Encontre os parceiros certos para o seu projeto, 141
Fortaleza conectada: como a Economia Criativa pode ajudar a reduzir desigualdades, 161
Internet gratuita e mais: a cidade onde a mudança vem dos servidores, 163
Lixo da Internet das Coisas desafia cidades em todo o mundo, 148
O Brasil está preparado para abrigar uma cidade startup?, 25
O dinheiro vai acabar no mundo e essa tendência já chegou ao Brasil, 174
Onde está a tecnologia e a inovação no discurso dos candidatos?, 116
País do futuro? Está nascendo a primeira região supertecnológica do Brasil, 155
Plano Nacional de Internet das Coisas: o Brasil se preparando para o futuro, 181
Será que os empresários brasileiros estão prontos para sair da crise?, 22
Tem um projeto bacana e precisa de uma "forcinha"? Fala com o BNDES!, 183

Você conseguiria me vender sua cidade em 5 minutos?, 134
Você já conhece a cidade brasileira escolhida a dedo pela Hyperloop?, 157